KB264975

상식에 의한 경제론

하정동 지음

경제는 사회적 도덕성에 있다

나는 도덕을 알기 전까지, 무지하고, 이기적이고, 부도덕한 삶을 살아왔다. 남을 함부로 무시하고, 의심하며, 오직 내 자신의 이익을 추구하기 위한 도구로만 생각하였다. 그러나 나는 이 부도덕한 삶을 전적으로 내 자신의 탓으로만 돌리고 싶지는 않다. 나에게 이런 삶을 살게 한 사회에도 책임을 돌리고 싶다. 왜냐하면, 사회는 나에게 도덕을 가르치지도, 강요하지도 않았으며, 오직 맹목만을 가르치고 강요하였기 때문이다.

나는 우리나라의 교육현실을 인재를 키우는 시스템이 아니라 단지 점수로 평가하기 위한 시스템을 가졌다고 생각한다. 왜냐하면 인재를 키우는 시스템이 되려면 가장 우선적으로 가르쳐야 할 것이 도덕이기 때문이다. 도덕이란 단순히 인사를 잘하고, 질서를 잘 지키고, 이런 것들이 아니다. 선한 덕성과 양심을 가지고, 칸트가 말하는 사람을 목적으로 대하는 행동을 하는 것이 도덕이다. 하지만 우리나라는 도덕을 어떻게 취급하고 있는가? 단순히 성적을 내기 위한 도구로 사용하고 있지 않는가? 아니면, 도덕이라는 개념 자체를 망각하고 있지는 않은가? 그럼 내가 진지하게 질문을 하나 해보겠다. 인간이 진리를 탐구하고 그로인해 지식을 획득하기 위해서는 무엇이 필수적으로 있어야 하는가? 단순히 맹목적으로 선생님 말씀을 잘 듣고, 책에 있는 내용을 외우고, 익힌다면 그것이 자신의 지식이 되는가? 그리고 이성과 양심에 충실하지 않고, 쾌락과 욕망에 휩싸인 사람이라면 진리를 탐구할 수 있을까? 나는 도덕적 인성을 가지지 못한 사람은 반드시 무지하며, 무지할 수 밖에 없다고 생각한다. 왜냐하면 자신의 사익을 추구하기 위해 남을 수단적 도구로 취급하는 자는 순수하고 냉철한 이성을 갖지 못하고, 오히려 자신의 욕구 충족을 위해 진리를 왜곡하기 때문이다.

따라서 국가와 사회는 인재를 교육함에 있어서 도덕을 가장 중시해야 하며, 도덕을 철저하게 가르쳐야할 뿐만 아니라, 강요해야만 한다.

세상에는 일등과 꼴찌가 존재하지 않는다. 사람마다 각기 능력이 다르기 때문이다. 따라서 이들이 공통적으로 갖춰야 하는 것은, 국·영·수가 아니라, 도덕적 인성이며, 교육은 곧 도덕적 인성을 바탕으로 각자의 능력을 최대화시키는 것이다.

즉, 아이들에게 맹목적으로 지식을 습득하게 하면, 그것은 지식인을 만드는 것이 아니라 주류에 충성하는 꼭두각시를 만드는 교육일 뿐이다.

따라서 지금의 인재를 평가하는 시스템을 개혁해야만한다. 즉, 책에 있는 내용이나 특정한 인물의 주장이나 이론 따위를 맹목적으로 평가하는 시스템을 없애야 한다. 요즘 학생들은 책에 있는 내용은 쉬운 것이고, 책에 없는 내용은 어려운 것이라고 대답을 한다. 이것은 주체적으로 지식을 습득하는 선천적 능력이 부족한 것이 이유가 아니라, 시험제도를 그렇게 운영하기 때문이다. 단지 형식만 공정하고 평가내용은 맹목적인 시험제도가 우리나라 교육시스템이다. 단지 사람을 뽑기 위한 시스템, 정말 이런 고질적인 시스템은 고쳐지지가 않는다. 즉, 틀에 박힌 응용이나 객관식 문제 따위로 아이들의 사고를 고정시키고 있다.

나는 미국이나 유럽의 서방국가 학생들이 주류경제학을 비판하면서, 자신들에게 다양한 경제학을 가르치라고 요구하는 것을 보면서, 우리나라의 학생들은 왜 이렇게 행동을 하지 못하는가에 대해 매우 안타까운 생각이 든다.

학문이 객관화되는 순간에 그것은 기술이지 학문이 아니다. 우리나라 교육은 학문을 기술처럼 가르치고 있다. 이런 인재평가 시스템이 주류의 생각을 맹목적으로 습득하게 만들기 때문에 아이들이 공부할 때, 지겨워하고 힘들어하는 것이다.

지식이라는 것은 단순히 반복해 습득하는 것이 아니라 도덕적 인성을 바탕으로 하여, 스스로 고뇌하며 얻는 것이다. 따라서 나는 이 말을 하고 싶다.

이 세상에 어떠한 지식보다도 자신의 생각이 가장 중요하다. 과거의 위인들이 한 말이나 논리, 이론들도 물론 중요하지만, 가장 중요한 것은 스스로 논리를 세우는 것이야말로 가장 참된 지식이라 본다. 만약 스스로 판단하여, 과거 위인들의 생각과 자신의 생각이 일치한다고 하더라도, 그것은 자신의 것이 되는 것이다. 하지만 맹목적 암기에서 습득된 지식은 단순한 사실의 나열에 불과하며, 시간이 조금만 지나도 망각하게 된다. 왜냐하면, 인간은 스스로 관심이 있는 지식만을 오랫동안 기억하기 때문이다.

따라서 지금 내가 쓴 책도 맹목적으로 읽어서는 안 된다. 왜냐하면, 이 책은 단지 내 생각일 뿐이지, 독자의 생각이 아니기 때문이다.

2012년 5월, 하정동

목차

제4장 담합시장   101

제1장

상식의 경제학

경제 주체는 미분적으로 행동하지 않는다

우리가 지금의 주류경제학을 접할 때, 가장 많이 나오는 경제 개념이 바로 '한계'라는 개념이다. 우리는 단순히 맹목적으로 이 한계 개념을 받아들이고 있어서 흔히들 말하는 기업의 이윤극대화(한계수입과 한계비용의 일치)의 개념을 당연시하고 있다. 그렇다면 기업이 정말 자신의 이윤을 한계수입(marginal revenue: MR)과 한계비용(marginal cost: MC)이 일치할 때까지 생산하여 극대화하는 미분적 행동을 하는지 알아보자.

먼저 주류경제학에서 말하는 이윤극대화는 다들 아는 바와 같이, 기업이 상품을 생산함에 있어, 상품 판매로 인해 추가적으로 얻는 수입이 추가적으로 드는 비용보다 같거나 클 경우, 상품을 생산하는 것이 합리적이라는 말이다.

그러나 이 논리가 과연 상식에 맞을까? 즉, 하나의 상품을 생산하기 위해 투입된 비용보다, 그것을 판매하여 얻을 수 있는 수입이 단 1원이라도 커서, 기업이 상품을 생산한다면, 과연 합리적인 경제 행위라 할 수 있겠느냐는 것이다.

결론부터 말하자면, 인류 역사상 한계수입과 한계비용이 같아질 때까지 생산하여 이윤극대화를 추구하는 기업은 존재한 적도 없었고, 앞으로도 절대 존재하지 않는다는 것이다.

왜냐하면 한계수입=한계비용(MR=MC)이 될 때까지 생산하는 것이, 이윤극대화 행위도 아닐 뿐더러, 합리적인 행위도 아니기 때문이다. 또한, 실제로 기업이 추구하지도, 행위로도 옮길 수가 없는 개념이기 때문이다. 이제 이에 대해 본격적으로 논의해 보자.

예를 들어, 인구 만 명의 도시가 있다고 가정하고 A라는 기업이 B상품을 1개 생산하는 데 드는 단위당 평균 비용이 3,000원이라 하자. B상품에 대한 공급가격은 7,000원, 수요자는 5,000명으로 하는 경우와 공급가격은 5,000원, 수요자는 6,000명으로 하는 경우, 공급가격은 3,000원, 수요자는 만 명으로 하는 경우가 각각 있다면 기업은 어떤 선택을 하겠는가? 당연히 가격을 7,000원에 책정해서, 더 많은 이윤을 얻는 것이 가장 합리적인 행동일 것이다. 과연 이러한 행위가 주류경제학에서 말하는 MR=MC와 관련이 있는지 자세히 살펴보자.

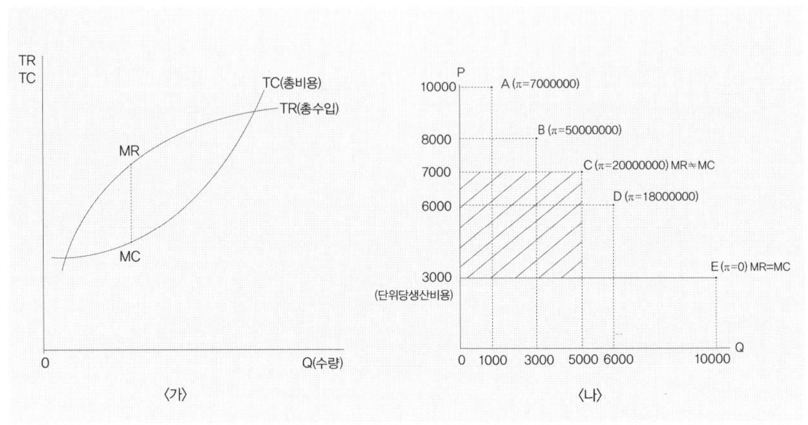

〈가〉그래프는 주류경제학에서 주장하는 한계수입=한계비용(MR=MC)의 이윤극대화를 나타낸 것이고, 〈나〉그래프는 앞에서 예를 든 내용을 사실적으로 표현해 본 것이다. 여기서 중요한 것은 〈나〉그래프에서의 이윤극대화 행위가 MR=MC가 성립이 되지 않음에도 불구하고 이윤극대화를 만족시키고 있다는 것이다. 즉 총수입(total revenue: TR) - 총비용(total cost: TC)이 최대화되고 있다는 뜻이다. 그리고 MR=MC를 만족하는 E점에서는 이윤이 0인 것을 알 수 있다. 다시 말해, 〈가〉그래프와 〈나〉그래프 중, 하나는 이윤극대화를 잘못 설명하고 있다는 결론이 성립된다. 그럼 어느 그래프가 잘못 설명하고 있는 것일까?

당연히 〈가〉그래프이다. 〈가〉그래프는 기업의 이윤극대화 추구를 위해 MR=MC까지 생산하는 의미를 나타내고 있다. 과연 세상 어느 기업이 한계비용과 한계수입이 같아질 때까지 생산한다는 말인가? 현실적으로 절대 있을 수 없는 경제 행위를 나타내고 있다. 따라서 과거를 잊고 현재만을 생각하자는 한계주의는 전혀 맞지 않는 논리이다. 우리는 어떤 상품을 소비할 때, 그 상품을 소비해서 얻는 효용이 과거의 동일 상품을 소비해서 얻는 효용보다 크기를 바란다. 우리는 항상 더 좋은 자동차를 타길 원하고, 더 좋은 TV, 더 좋은 컴퓨터, 더 좋은 의료서비스를 원한다. 그리고 기업이 생산 규모를 늘리고, 제품의 성능을 향상시키는 경제 행위는 무엇을 의미하는가? 단지 현재 시점에서 비용보다 큰 이윤을 추구하기 위함인가? 아니다. 경제 주체는 그것의 실현 여부를 떠나서, 반드시 과거의 이윤보다 더 큰 이윤을 추구한다.

그리고 가계의 효용극대화는 한계효용(MU)과 한계비용(MC)이 같아질 때까지 소비하는 것을 주장하지 않으면서도, 왜 기업의 이윤극대화 주장하는 지에 대해 납득이 가지 않는다. 가계는 미분적으로 행동하지 않고, 기업만 미분적으로 행동한다는 의미인지는 몰라도, 어차피 인간의 행동은 같기 때문에, MU=MC를 주장하지 못할 이유도 없는데 말이다(소비와 생산이 다르다고 말할 수도 있겠지만, 본질적으로 모두 이윤추구 행동이다). 그러면 MU=MC가 효용극대화를 추구하는 합리적인 행동인지 한 번 알아보자. 가령, A라는 사람이 날씨가 더워서 비용이 500원인 아이스크림을 소비한다고 하자. A의 효용은 1개째를 소비하면 1,000원, 2개째를 소비하면 800원, 3개째를 소비하면 700원, 4개째를 소비하면 600원, 5개째를 소비하면 500원, 6개째를 소비하면 400원의 효용을 얻는다면고 할 때 MU=MC가 성립하려면, 5개를 소비하여야 한다. 그런데 실제 A는 1개의 아이스크림만을 소비했다면, 이는 MU=MC를 추구하지 않아서 비합리적인 행동에 속하는가?

아니다. A는 가장 합리적인 행동을 한 것이다. 왜냐하면, 2,500원의 자산으로 5개의 아이스크림을 소비하여 1,100원의 효용 이익을 얻기 보다는 500원짜리 아이스크림을 1개 소비해서 500원의 효용 이익을 얻고, 1,000원짜리 비스킷을 소비해서, 1,000원의 효용 이익을 얻고, 1,000원짜리 크림빵을 사서, 1,000원의 효용 이익을 얻었다면, 결국 MU=MC를 추구한 행위보다 훨씬 많은 효용이익을 얻게 되기 때문이다. 기업도 마찬가지이다. MR=MC까지 생산하느니, 얼마든지 주어진 자본으로 다른 상품을 생산하여 이윤을 극대화할 수 있는 것이다. 따라서 MR=MC는 기회비용의 존재를 간과한 개념이라 볼 수 있다.

그리고 주류경제학에서 효용극대화는 주어진 예산으로 최대의 효용을 얻을 수 있는 무차별곡선을 설정하여, 설명하고 있다. 기업의 이윤극대화도 똑같다. 즉, 주어진 상황에서 단지 비용보다 높은 이윤을 추구하는 것이 아닌, 추구할 수 있는 최대한의 이윤을 추구하는 것이다. 바로 그래프〈나〉처럼 말이다. 기업은 대량생산으로 인해 가격을 자주 바꿀 수도 없기 때문에 오히려 가계보다 이윤극대화 추구에 대한 행위의 범위가 더 좁다고 볼 수 있다. 따라서 한계수입과 한계비용이 같아질 때까지 생산하는 것은 현실적으로 있을 수 없는 경제 행위인 것이다. 실제로 기업은 MR=MC까지 생산하는 것이 아니라, 상품이 안 팔려 재고로 쌓여 있을 때, 신속하게 처리하기 위해 MR=MC에서 판매할 수는 있어도, 결코 생산하는 일은 없는 것이다. 솔직히 말해서, 기업가정신이 투철한 경영자도 하기 힘든 경제 행위가 MR=MC까지 생산하는 것이다.

사실, MR=MC의 이윤극대화 개념은, 실제 이윤극대화에 실패하는 기업들이 행하는 경제 행위와 비슷하다고 할 수 있다. 그 이유는 뒤에서 자세히 다루겠지만, 요즘 대부분의 기업들은 제품을 출시할 때 광고나 판촉 행사 등을 통해 자사의 상품의 공급가격을 높이려 할 뿐, 수요에 대해서 철저히 고려하지 않는다. 즉, 눈앞의 단기적 수익만 바라볼 뿐, 정작 자신들에게 닥쳐올 막대한 재고처리 비용과 시간적인 기회비용은 무시하고 있는 것이다. 따라서 MR=MC까지 생산하는 것은 추구하지 않으나, 재고로 쌓이다 보니, 그것을 처리하는 과정에서 판매가격이 MR=MC까지(그 이하로도)내려가는 것이다. 다시 말해, 단순히 기업의 실적과 같은 자료를 보고 판단하면, 기업이 MR=MC까지 생산하고 판매하는 것으로 생각될 수도 있다는 것이다.

경제에서 중요한 것은 양이 아니라 질이다

앞에서 논의한 이윤극대화 개념과 더불어, 경제학도라면 쉽게 알고 있는 한계 소비성향에 대해서 살펴보도록 하자. 한계 소비성향이란 추가적으로 얻는 소득 중에서 추가적으로 지출되는 소비의 비중을 의미하는 것으로 대략 소득이 높을수록 한계 소비성향이 낮고, 소득이 낮을수록 한계 소비성향이 높다. 그러나 나는 이 개념이 경제학적으로 그렇게 유용한 개념은 아니라고 생각한다. 그 이유는 다음과 같다.

경제 주체의 모든 소득은 소비와 투자와 저축과 조세로 구성되며, 조세는 다시 소비와 투자와 저축으로 구성되고, 저축은 소비와 투자로 구성된다. 결국 경제 전체의 소득은 소비와 투자로 구성되기 때문이다. 따라서 소득에서 소비와 투자의 절대량이나 비중은 중요하지 않다. 이는 소득이 소비와 투자에 투입되며, 투자도 소비의 한 부분이기 때문이다. 즉, 정말 중요한 것은 바로 소비와 투자의 질이다. 소비가 얼마건, 투자가 얼마건 상관없이 어떻게 쓰여서 얼마만큼의 생산성을 창출할 수 있느냐가 중요한 것이다. 그럼 소비의 질은 무엇인가?

예를 들어, 임금 수준이 낮은 상태에 있는 A사회의 노동자들은 자신의 소득 중 대부분을 기본 생활에 필수적인 재화 구입을 위해 소비하고, 임금 수준이 높은 B사회의 노동자들은 자신의 소득 중 기본 생활에 필수적인 재화 이외에도, 더 가격이 높은 자동차, 세탁기, TV, 냉장고, 컴퓨터 등을 소비한다고 하자. 여러분은 A사회와 B사회의 노동자 중 과연 누구의 소비의 질이 낫다고 보는가? 생활필수품도 구입하기 빠듯한 A사회의 노동자이겠는가? 아니면, 발전된 문명의 혜택을 보는 B사회의 노동자이겠는가? 바로, B사회 노동자이다. 오늘날의 경영자들은 노동자의 임금을 줄이면, 기업의 생산비용이 낮아져서 자신들에게 이익이 된다고 생각한다. 그럼 상식적으로 생각해보자. 소득에서 대부분을 수요 필요재화(제 3장 참조)를 주로 소비하는 A사회에서 과연 주로 수요 충분재화를 생산하는 기업이 살아남을 수 있을까?

따라서 A사회보다 B사회의 생산성이 월등히 높을 것이라 쉽게 짐작할 수 있다.

이제 투자의 질에 대해서 간략히 살펴보자. 가령, A사회에서의 주식시장에서는 투기로 인해 소수의 대기업에 막대한 자본이 투입되어, 거품을 형성하고 있고, B사회에서의 주식시장에서는 대기업뿐만 아니라, 성장성이 밝은 중소기업에게까지 골고루 자본이 투입된다고 하자. 과연 A사회와 B사회 중 어느 사회가 생산성이 높겠는가? 당연히 B사회이다.

즉, 소득에서 소비와 투자의 절대량이나 비중 따위는 중요한 문제가 아닌 것이다. 왜냐하면, 앞에서도 언급했듯이 소득은 결국 소비나 투자로 쓰이며, 소비와 투자는 누군가의 소득이 된다. 따라서 누군가의 소득은 또 누군가의 소득으로 계속 돌고 도는 것이기 때문이다. 정말 중요한 것은 소비와 투자가 어떻게 진행되어서, 얼마만큼의 생산을 창출하는가이다. 지금의 세계경제 침체의 이유는 바로 경제 주체들이 투기, 담합, 착취에 빠져 소비와 투자의 질이 매우 낮기 때문이다.

수학에서 벗어나라

앞의 한계 소비성향에 대해서 계속 이야기하자면, 케인즈는 한계 소비 성향으로 투자 승수를 가정하여 고용까지 예측하고 있다. 그럼 이 논리가 타당한 지를 살펴보자. 먼저 경제 전체의 소득은 소비와 투자로 구성된다고 앞에서 설명했다. 그리고 여기에 한계 개념을 덧붙이면, 추가적인 소득은 추가적인 소비와 추가적인 투자의 증가분으로 배분된다고 말하고 있다. 즉, $\triangle Y$(소득)$=\triangle C$(소비)$+\triangle I$(투자)가 성립하게 된다. 그리고 $\triangle Y=\triangle C+\triangle I$에서 $\triangle Y$로 나누면, $1=\triangle C/\triangle Y+\triangle I/\triangle Y$가 되고, 이는 $\triangle C/\triangle Y=1-\triangle I/\triangle Y$로 다시 쓸 수 있다. $\triangle C/\triangle Y$는 한계 소비성향을 의미하고 있으며, 케인즈는 $k=\triangle Y/\triangle I$라는 투자 승수를 사용하고 있다.

투자 승수란, 추가적인 투자와 추가적인 소득과의 관계를 나타낸 것으로, 추가적인 투자가 얼마만큼의 유효수요를 창출하는가를 의미하는 것이다. 즉, 투자 승수가 클수록 투자로 인해 유효수요가 더 많이 창출되고, 그로 인해 고용량도 늘어나게 된다는 의미이다.

그리고 투자 승수의 변형식인 $\triangle Y=k\triangle I$를 $\triangle C/\triangle Y=1-\triangle I/\triangle Y$에 대입하면, $\triangle C/\triangle Y=1-1/k$가 도출된다. 케인즈는 이 식을 통해서, 한계 소비성향이 1보다 그리 크지 않으면, 투자가 조금만 변해도 고용은 크게 변하고, 한계 소비성향이 0보다 그리 작지 않을 때, 투자가 조금만 변하면, 고용도 조금만 변한다고 말하고 있다. 그러면 한번 살펴보자. 가령, 소득이 10이 증가하고, 투자가 3이 늘었다면, 투자 승수 k는 10/3이 되고, 이를 $\triangle C/\triangle Y=1-1/k$에 대입하면, 한계 소비성향은 7/10이 된다. 그러면 한계 소비성향이 1보다 그리 크게 작다고 볼 수 없으므로, 투자가 조금만 증가해도 고용이 크게 증가한다고 말할 수 있다.

하지만 나는 한계 소비성향으로 투자 승수를 통해 고용까지 예측하는 것에 동의할 수 없다.

이에 대한 예를 다음과 같이 들어 보자. A라는 국가의 노동자는 평균 매달 200만원의 소득을 받아서 150만원을 지출하다가, 경기침체로 인해 150만원의 소득을 받아서 120만원을 지출한다고 하자. 첫 번째 경우의 한계 소비성향은 3/4, 투자 승수는 4이고, 두 번째 경우의 한계 소비성향은 4/5, 투자 승수는 5이다. 즉, 경기가 침체되어 소득이 줄고, 지출도 줄었는데, 한계 소비성향은 더욱 커지고, 투자 승수도 더 커지게 되었다. 이게 상식적으로 이해가 되는가? 오히려 소득이 줄어 소비가 침체되고 기업은 재정적 위기에 처해 있는데, 고용이 더 늘겠는가?

현실적인 예를 하나 더 들자면, 지금의 경제 현실을 생각해 보자. 신자유주의 경제노선으로 인해, 소득격차는 심하고 가계 재정은 무너졌으며 노동자들은 비정규직, 저임금, 고노동이라는 열악한 상황에 처한 현실에서 과거보다 투자를 더 많이 한다고 과연 고용이 더 늘겠는가? 왜냐하면 확실히 한계 소비성향과 투자 승수는 늘었기 때문이다. 소득은 줄고, 물가는 계속 상승하여 지출은 늘었으니 말이다.

경제가 수학계산처럼 양적 논리로 값이 딱 떨어진다면, 오늘날과 같은 장기적인 경제침체는 일어날 이유가 없는 것이다. 나는 양적인 수학적 논리는 현실 경제에 적용되어서도 안 되고, 적용될 수도 없다고 생각한다.

지금까지 간략히 한계 소비성향을 예로 들었으나, 주류경제학의 모든 이론들은 수학에 매몰된 분석방법으로 인해 질적인 측면을 다루지 못하고 있다. 나는 수학에 조금이라도 의존한(수학적 도구에 의해서 창출된 개념 생산과 그 의미의 확장)모든 경제 개념과 논리는 공상에 불과하며, 실제 경제 주체의 행위에 있어서는 무용지물이라고 본다.

그리고 사실 나는 케인즈가 주장한 것 중, 화폐환상과 야성적 충동과 같은 개념이 가장 현실 경제에 가장 적합하다고 본다. 왜냐하면, 이 두 개념은 수학적 논리가 아니라, 상식에 바탕을 두었기 때문이다. 이에 대해 간략히 설명하자면, 화폐환상이란, 노동자들은 명목임금이 올라가면, 실질임금이 내려간다 하더라도 화폐환상에 빠져 만족한다는 의미이다. 예를 들어, 연봉 4천만 원을 받던 A가, 다음 해에 4천2백만 원을 받았다면, 물가가 10% 상승한 경우라도, 화폐환상을 일으켜 실제 자신의 소득이 증가한 것처럼 착각을 일으킨다는 것이다. 그러나 실질소득은 줄어들어 실질 구매력은 더 떨어지게 된다. 어떠한가? 매우 현실적인 논리 아닌가?

다음엔, 야성적 충동에 대해 설명하자면, 투자자는 이자율보다는 자신의 직감이나 욕망 등에 의해 투자를 결정한다는 의미이다. 사실 이 개념도 매우 현실적인 것이, 투자자는 이자율이 높든지, 낮든지 간에 자신에게 현재 필요한 투자를 하지, 이자율이 낮다고 무작정 투자를 늘리는 것이 절대 아니기 때문이다. 이것은 지금의 현실 경제상황이 잘 보여주고 있다.

아무리 중앙은행이 머니프린팅을 해서 은행에 저금리로 공급해도 기업이 왜 실물투자를 망설이는가? 굳이 빚을 져가면서 손해 보는 장사를 하지 않겠다는 것 아닌가? 지금 소비가 침체된 상황에서, 선뜻 누가 실물투자에 나서겠는가?

즉, 이자율이 높든지, 낮든지 간에 어차피 빚은 빚이다.

그리고 지금의 주류경제학은 이자율이 높으면 투자는 줄어들고, 이자율이 낮으면 투자는 늘어난다고 보나, 현실경제는 오히려 그 반대이다. 즉, 투자가 늘면 이자율이 올라가고, 투자가 줄면 이자율이 감소하는 것이 상식이다.

경제는 경제 주체의 의지에 따라 움직인다

우리는 대중매체를 통해 중앙은행이 물가를 낮추기 위해 통화량을 조절하는 것을 많이 보았다. 예를 들면, 지급준비율을 높인다든지 재할인율을 높여서 은행의 대출 규모를 줄이는 정책을 통해, 소비를 감소시켜, 물가를 낮추려는 행동 등을 들 수 있다.

하지만, 대출을 줄여서 투자와 소비가 감소한다고 해도, 물가가 낮아진다는 보장이 없다. 기업이 소비가 감소함에도 불구하고, 신제품을 출시하여, 가격을 높게 책정하면, 물가가 상승하게 되고, 환율의 영향으로도 물가가 상승할 수 있다. 또한 곡물이나 원유, 금속, 가스, 전기와 같은 재화의 가격이 상승하게 되면, 그 자체로도 물가가 상승할 뿐만 아니라, 이 재화를 원료로 하는 재화의 공급가격도 상승하게 된다. 경제 주체는 자신의 생산물 가격을 높이는 것에는 적극적이지만, 가격을 낮추는 데는 소극적이다.

따라서 물가는 경제 주체의 가격 책정 의지에 달려 있는 것이지, 독재가 아니라면 중앙은행이 임의로 조절할 수 있는 게 아니다. 즉, 소비가 감소하면 당연히 물가도 낮아진다는 생각을 하면 안 된다는 것이다. 소비가 감소해도 재화의 가격을 공급자가 높게 책정하고 있으면, 아무 소용이 없기 때문이다. 즉, 소비가 감소해도 공급자가 물건 값을 낮출 이유가 없다면(다시 말해서, 물건 값을 감소시키는 것이 이전보다 얻는 수익이 적다면), 물가를 굳이 낮게 책정할 필요가 없는 것이다.

이번에는 이자율에 대해서 살펴보자. 우리는 흔히 이자율이 상승하면, 저축이 증가하고 소비와 투자가 감소하여 경기가 침체된다고 알고 있다. 하지만 이자율이 상승하면, 채권자의 경우에 이전보다 더 부유해졌기 때문에 소비가 증가하게 되고, 이자율이 상승해도 증가한 저축이 대출을 통해 생산성을 증가시킬 수 있다. 따라서 이자율의 상승이 경기에 어떤 영향을 미칠지는 알 수 없다.

그리고 이자율이 하락하게 되면, 저축이 감소하고, 소비와 투자가 증가하여, 경기를 활성화시킨다고 알고 있다. 하지만 이자율이 하락해도 증가한 투자 중에서 생산성 증가와 관련 없는 투기에 활용되었을 경우, 경기를 활성화시킨다고 볼 수 없으며, 채권자의 경우 이자율이 하락하면, 이전보다 더욱 가난해지므로 소비를 줄이게 된다. 즉 이자율의 상승 또는 하락을 가지고는 경제 현상을 파악할 수 없다.

따라서 경제는 주류경제학이 말하는 것처럼, 이자율이 증가하면 투자가 감소하고……. 이런 식이 아니다. 만약 이자율이 감소해서 투자가 증가했다고 가정해보자. 그런데 기업이 재화에 높은 가격을 책정하여 소비가 줄었다면, 이자율이 감소해서 투자가 증가하면, 생산성이 향상된다고 장담할 수 있겠느냐는 말이다.

아무리 이자율을 낮추고, 투자를 늘려도, 공급자가 자신이 생산한 상품에 대해서 수요자의 의도를 무시하고, 가격을 높게 책정할 경우, 아무 소용이 없는 것이다.

그리고 나는 궁극적으로 경제에서 화폐의 역할은 가치교환의 수단에 불과하다고 본다. 즉, 화폐종류가 다르거나 중앙은행이 가치교환의 걸림돌이 될 정도로 통화량을 줄이지 않는 이상, 실물경기에 미치는 영향은 미미하다고 생각한다. 왜냐하면, 아무리 중앙은행이 화폐량을 늘리더라도, 그것이 투자와 소비에 쓰이지 않는다면, 아무 소용이 없기 때문이다. 오히려 금융상품이나 부동산과 같은 자산투기에 쓰인다면, 물가를 상승시켜 실물경기를 더욱 침체시키는 결과를 초래할 뿐이다.

즉, 투기라는 경제주체의 행위에 의해서 경제가 직접적으로 움직이게 되는 것이다. 따라서 화폐는 아무런 역할을 하지 않는다는 것이다. 화폐의 양이 얼마이든 상관없이, 경제주체가 돈을 어떻게 사용하느냐가 중요한 것이다.

예를 들어, 오늘날 실물경기침체를 극복하고자 양적완화정책을 하고 있지만, 실제 경기에 영향을 미치지 못하고 있다. 돈을 찍어서 각 은행에 저금리로 대출해주는 정책을 사용하고 있지만, 누가 굳이 빚을 지면서까지 소비와 투자를 하고자 하겠는가?

노동유연화로 착취당한 수요필요재화도 소비하기에 빠듯한 가계이겠는가? 아니면, 소비가 되지 않는 수요충분재화를 생산하는 기업이겠는가 (독자들에게 미안하지만, 이 책을 읽기 전에 제3장 재화시장 부분의 수요충분재화와 수요필요재화의 부분을 먼저 읽기를 바란다)? 심각한 부채와 저임금과 고용불안에 의해 중산층이 무너져 버린 상황에서 누가 빚을 늘려 소비하려 하겠는가(앞에서도 말했지만, 저금리라도 빚은 빚이다)? 오히려 자신이 소비하고자 했던 재화를 줄이는 행동을 하지 않겠는가? 그리고 가계가 소비를 줄이고자 하는 대상은 과연 어떤 재화이겠는가? 바로 대부분 기업이 생산하고 있는 수요충분재화가 아니겠는가? 그럼 경제는 어떻게 되겠는가? 불 보듯 뻔한 것 아닌가?

그리고 기업의 부실채권 등을 중앙은행이 사들이는 것도 실물경기에 영향을 미치지 못한다. 왜냐하면, 부실채권을 매입하여, 기업에게 자금을 공급해도, 가계의 수요충분재화의 소비가 주저앉은 현실경제에서 과연 어느 기업이 실물투자를 하려 하겠는가? 손해 볼 것을 뻔히 알면서, 스스로 짐을 지고 불속으로 들어갈 어리석은 기업이 존재하겠는가? 오히려 공급받은 자금을 사용하지 않고 보유만 하고 있다든지, 아니면 실물투자 대신에 서민을 상대로 한 캐피탈사업과 금융투기에 쓰든지, 아니면 서민상권을 위협하는 수요필요재화사업을 늘리는 행동을 하지 않겠는가?

따라서 이런 유동성 함정의 근본 원인은 가계 착취와 그에 따른 재정 악화로 수요충분재화의 소비감소 때문이다. 즉 화폐 정책이 그나마 통하려면, 가계의 재정이 건전해야 한다는 말이다.

왜냐하면, 통화량을 늘리든 줄이든, 이자율이 높든지, 낮든지 간에 경제주체의 수요필요재화에 대한 소비는 아무런 영향을 받지 않기 때문이다. 즉, 가계 재정이 안 좋으면, 중앙은행은 통화발행 이외에는 아무런 역할을 할 수 없다는 것이다.

경제는 철저하게 상식으로 접근해야 한다. 수학적 공식이나 도구 따위로 분석하려해서는 안 된다. 소득, 소비, 투자, 생산, 물가, 실업 등 모든 경제 문제는 경제 주체의 의도된 가격 책정에 의해 이루어지고 결정된다. 이자율은 단지 문화, 환경, 습관, 종교, 지역, 시기, 평판 등과 같은 하나의 경제 자극에 불과하다. 즉, 2사분면 Y축의 주요 변수 자리로는 어울리지 않는다는 말이다.

그러면 주요 변수는 무엇이겠는가? 바로 가격이다. 경제는 경제 주체의 가격 책정에 따라 움직이는 것이다. 즉, 수요자의 수요가격과 공급자의 공급가격에 따라 경제가 움직이는 것이다. 그리고 이들은 여러 경제 자극에 대한 경제 주체의 의지에 따라 이루어지며, 따라서 경제학의 목적은 경제 주체들의 의지를 최대한 생산적으로 만드는 데 있다.

끝으로 내가 하고 싶은 말은 "상식을 무시하지 말라."는 것이다. 우리는 종종 자신이 잘 알지도, 이해하지도 못하는 것에 지나친 경외감을 가지고 있는 경우가 많다. 즉, 주류경제학이 복잡한 수식과 그래프를 사용하여 난해하게 경제 현상을 분석하면, 사람들은 그것의 진위 여부를 따지는 것이 아니라, 곧잘 경외부터 한다는 것이다. 하지만 내가 생각하기엔, 인간은 그리 어리석지 않다. 인간의 상식적 판단은 특수한 공상을 뛰어 넘는 경우가 많다. 이젠 경제학도 새롭게 변모해야 한다. 지금과 같이 경제 현상의 불확실성을 배제하고, 양적인 수학적 도구에 의존하여, 인간의 행위를 예측하고, 분석하려 해서는 안 된다. 인간의 행위는 대략적으로만 파악할 수 밖에 없으며, 그 도구는 반드시 상식적인 가정에 의한 진단이어야 한다. 그리고 경제 주체에게 가장 생산적인 길을 제시해야만 한다.

제2장

상식적 가정에 의한 접근 방법과 개념

모형의 설정

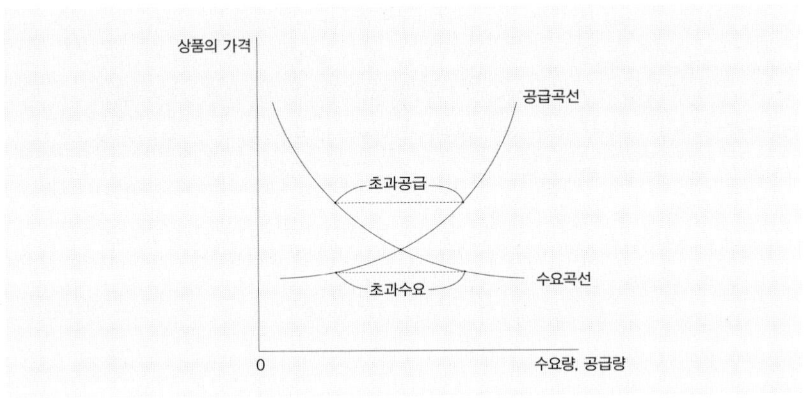

우리가 알고 있는 경제학의 기본이라면, 당연히 수요와 공급 법칙을 꼽을 수 있다. 즉, 상품의 가격이 올라가면, 수요량은 감소하고, 상품의 가격이 내려가면, 수요량은 증가한다는 의미를 지닌 수요곡선과 상품의 가격이 올라가면, 공급량이 증가하고, 상품의 가격이 내려가면, 공급량이 감소한다는 의미를 지닌, 공급곡선으로 이루어진 2사분면의 그래프를 우리는 상식처럼 받아들이고 있다.

하지만 나는 이 그래프가 우상향하는 공급곡선의 의미가 타당하지 않기 때문에 심각한 오류를 지니고 있다고 생각한다.

여러분은 우상향하는 공급곡선, 즉 상품의 가격이 오르면 공급량이 증가하고, 상품의 가격이 내려가면 공급량이 감소한다는 공급곡선에 동의하는가? 공급자가 공급량을 늘리는 이유가 단순히 상품의 가격이 올라서이겠는가? 아니면, 수요자가 수요하고자 하는 가격이 올라서이겠는가? 당연히, 수요자의 수요가격이 올랐으니까 공급자가 공급량을 늘리는 것이 아니겠는가? 만약 수요가격도 오르지 않았는데 공급가격을 마음대로 올려 버리고, 공급량도 늘린다면, 과연 누가 그 상품을 소비하겠는가? 만약 공급자가 이렇게 행동하면, 바로 망하는 것이다. 상품가격을 올리고 공급량을 줄여 버리는 반대 행동이 더 상식적인 행동 아닌가? 따라서 가격의 개념을 확실하게 구별해 줄 필요가 있는 것이다.

우리는 가격에 대해서 단지 명목적인 상품 가격만을 생각하면 안 된다. 가격이라는 것은 실질적으로 수요자가 의도한 가격과 공급자가 의도한 가격의 변화에 의해 결정된다. 통계수치상 상품 가격이 올라서 공급량이 증가하는 자료들은 그것이 단순히 상품의 가격이 오른 것에 기인한 것이 아니라, 소비자의 수요가격이 오른 것에 기인한 것이다. 즉, 수요가격이 상승하여, 공급량이 증가한 것이지, 단순히 상품의 가격이 올라서 공급량이 증가했다고 보아서는 안 된다. 이런 식의 해석은 원인을 무시하는 결과중심적인 해석일 뿐이다.

따라서 수요가격이 명목적인 수치로 나타나지 않는다고 해서, 이것을 경제 현상을 분석하는 데서 제외시키면, 그 제외시킨 이론이나 모형으로는 어떠한 경제 현상도 설명할 수 없다고 본다. 즉, 우리가 상식적으로 알고 있는 수요와 공급 모형은 명백히 잘못된 모형이다.

단순히 가격을 상품의 가격으로 나타낼 것이 아니라, 철저히 수요가격과 공급가격으로 나누어 분석해야 한다는 말이다. 따라서 상품의 가격이 오르면, 공급량도 증가한다는 우상향하는 공급곡선은 단지 통계수치상의 결과적 의미에 불과하지, 인간의 경제 행위를 설명하기에는 부적절하다.

그리고 주류경제학은 가격을 문화나 환경, 종교, 지역, 습관, 평판 등의 하나로 취급하고 있다. 그리고 가격 이외에 모든 변수들을 논의에서 제외시키고, 가격만 변하는 것으로 가정해서 수요와 공급법칙을 설명하고 있다. 이것은 무수한 경제 자극들이 경제 주체의 경제 행위에 영향을 미쳐, 그 결과물로 가격이 나오는 것이기 때문에 매우 비현실적인 논리이다.

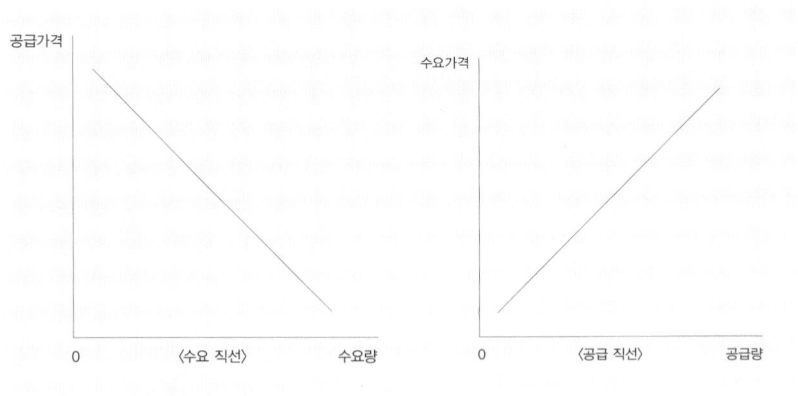

위의 두 그래프와 관련, 이전에 상식처럼 우리가 알고 있던 수요공급 법칙과 다른 점은 바로 우상향하는 공급직선의 변수로 수요가격이 있고, 우하향하는 수요직선의 변수로 공급가격이 있다는 것이다. 주류경제학에서의 수요곡선은 수요자의 행동을 의미하고, 공급곡선은 공급자의 행동을 의미하는 것이지만, 여기서는 공급직선과 수요직선 모두 공급자와 수요자의 행동이 포함되어 있으며, 두 직선이 반드시 만나야만 어떤 경제적 결과가 나오게 된다.

그리고 나는 주류경제학이 주로 표현하는 곡선의 개념에 대해서도 매우 회의적이다(오늘날의 주류경제학을 보면서 미분 가능한 곡선을 만들 목적으로, 가정하고 개념을 생산하는 데 대해 큰 회의감을 가지고 있다). 굳이 인간의 경제 행위를 난해한 곡선으로 표현할 이유가 없다. 정말 2사분면에 변수 한 두 개로 인간의 경제 행위를 정확하게 분석할 수 있다고 생각하지 않는 한, 곡선을 사용할 이유가 없는 것이다. 사실 곡선이냐, 직선이냐를 따지는 것은 물리 수학에 매몰된 사고방식으로서 단지 경제학을 난해하게만 만들 뿐, 현실적으로 아무런 실효성이 없다. 왜냐하면 복잡한 인간의 경제 행위는 어떤 물리, 수학적 공식에 의해 정확히 설명될 수가 없으며, 단지 상식적인 차원의 대략적 예측만이 가능하기 때문이다. 내가 위의 두 개의 그래프에서 나타낸 직선들은 굳이 곡선 따위로 표현할 필요 없이, 사람들이 이해하기 쉽게 표현한 것이다. 이왕이면, 곡선보다는 직선이 분석하기도 쉽고, 이해하기도 쉽기 때문이다. 인간의 경제 행위에 대해 상식적으로 대략적인 진단을 하는데 굳이 불필요한 개념들을 가정하고, 난해한 수학적 공식 따위를 사용할 이유가 없다고 본다.

주요 개념

1. 경제 행위

경제 행위란, 경제 주체들의 행동을 의미하는 것으로서 네 가지의 행위로 이루어져 있다. 네 가지 행위란, 수요량, 공급량, 수요가격, 공급가격을 뜻한다. 이 주요 행위들이 서로 작용하여야만 경제적 결과가 산출된다.

따라서 위 네 가지 행위들로 구성된 상식적 모형이 바로 앞부분의 수요와 공급 모형이다. 즉, 수요직선과 공급직선이 만나는 곳이 바로 경제 행위의 결과를 나타내는 곳이다.

2. 수요직선과 공급직선의 도출(경제주체의 대략적 의도)

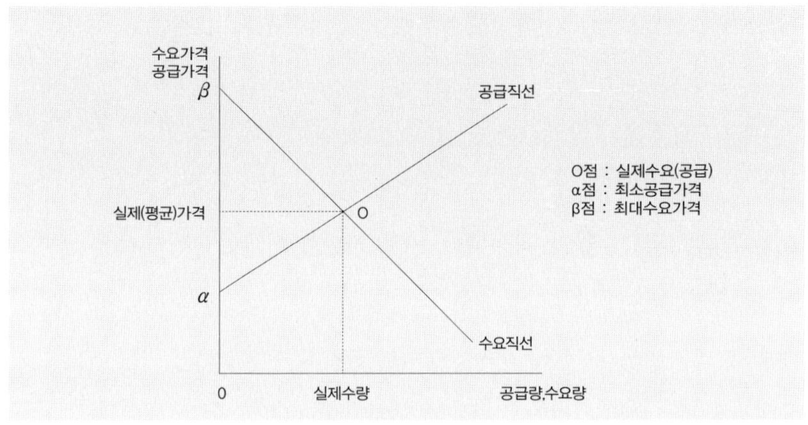

　앞부분에서 수요가격을 고려하여, 수요와 공급의 관계를 나타낸 그래프를 하나로 나타내면, 바로 위와 같은 수요와 공급 모형이 만들어진다. 먼저 α점은 공급직선의 Y절편으로서, 공급자가 재화를 공급함에 있어서, 공급하고자 하는 최소의 가격을 의미하므로 최소 공급가격이라 부른다. 그리고 β점은 수요직선의 Y절편으로, 소비자가 재화를 수요함에 있어서 지불하고자 하는 최대의 가격을 의미하므로 최대 수요가격이라 부른다. 따라서 수요자가 최소 공급가격 이하로 수요하고자 하는 행위는 의미가 없으며, 공급자가 최대 수요가격 이상으로 공급가격을 책정하는 행위도 의미가 없는 경제 행위이다. 이 최대 수요가격과 최소 공급가격은 경제자극이 주어지면 수시로 변하게 된다. 따라서 최대수요가격과 최소공급가격은 경제자극에 대한 경제주체의 심리적 마지노선을 의미한다. 이제 수요공급 직선을 예를 들어 도출해 보기로 하자.

　A기업의 〈가〉재화가 한 달 동안 평균 20만 원의 가격으로 12만 개의 수량이 판매 되었다고 가정하고, 최대 수요가격은 30만 원, 최소 공급가격은 10만 원이라고 할 때, 대략적인 수요직선과 공급직선을 구해보면, 먼저 실제(평균)가격과 실제 수량은 각각 20과 12로 나타낼 수 있으며, 이것은 수요직선과 공급직선이 만나는 곳을 의미하게 된다. 그 이유는 반드시 공급자의 실제 공급(재화시장에서는 매출)은 수요자의 실제 수요와 같을 수밖에 없기 때문이다. 가령 A라는 기업의 B상품의 공급가격이 평균 3,000원이고 그 상품을 구입한 사람이 300명이라면, 이 기업의 매출의 크기도 3,000×300=900,000원이고, 그 상품을 소비한 사람의 수요의 크기도 3,000×300=900,000원이기 때문이다. 즉, 수요직선과 공급직선이 만나는 곳은 (평균)공급가격=(평균)수요가격, 공급량=수요량이 반드시 성립하는 곳이며, 이것은 실제 수요(공급)를 의미하며, 앞에서 설명한 경제 행위의 결과를 뜻한다.

　그럼 다시 앞으로 돌아가서, 수요직선은 공급가격=기울기×수요량+10, 공급직선은 수요가격=기울기×공급량+30으로 나타낼 수 있으므로, 각 직선의 기울기를 구하기 위하여, 공급가격과 수요가격에는 실제(평균)가격인 20을 대입하고, 수요량과 공급량에는 실제 수량인 12를 대입하여, 각 직선의 기울기를 구해보면, 수요직선은 -5/6, 공급직선은 +5/6이 도출되어, 이로써 대략적인 수요직선과 공급직선을 나타낼 수 있다. 이런 방법으로 어떠한 경제적 규모에도 상관없이 경제 주체의 대략적인 경제 행위를 의미하는 수요공급 직선을 도출할 수 있다(직선의 근과 절편을 모두 가정하기 때문에 매우 그리기 쉽다).

3. 의도 수요와 의도 공급

의도 수요라는 것은 수요자가 의도한 수요량과 수요가격을 의미하는 것으로, 재화를 구입함에 있어서 수요자가 원하는 실제 수량과 실제 가격을 뜻하는 것이며, 의도 공급이란 공급자가 의도한 공급량과 공급가격을 의미하는 것으로서 재화를 생산함에 있어서 공급자가 원하는 실제 수량과 실제 가격을 뜻하는 것이다.

가령, 앞에서의 수요공급 직선을 활용하여 예를 들자면, 실제 가격 20, 실제 수량 12의 재화시장에서 수요량이 증가하는 경제 자극, 예를 들면 좋은 평판, 광고 행위, 의학적 장점 발견, 문화, 환경, 이자율 하락... 등이 주어졌을 경우, 수요량이 12에서 18로 증가하고, 공급량은 12에서 20으로 증가하고, 수요가격은 20에서 22로 상승하고 공급가격은 20에서 25로 상승할 것이라고 가정했을 때, 수요자의 의도 수요는 의도 수요량인 18과 의도 수요가격인 22를 곱한 396이 되고, 공급자의 의도 공급은 의도 공급량인 20과 의도 공급가격인 25를 곱한 500이 된다. 만약 주류경제학에서 말하는 초과수요와 초과공급이 없는 경제균형이 성립되려면, 수요자의 의도 수요량과 공급자의 의도 공급량이 같아야 되고, 수요자의 의도 수요가격과 공급자의 의도 공급가격 또한 같아야 한다.

따라서 모든 경제 주체가 기계처럼 정해진 작동 시스템에 따라 경제 행위를 하는 것이 아니라면, 균형이라는 개념은 사실상 존재할 수 없다고 보아야 한다.

4. 수요 실패와 공급 실패, 수요자 잉여와 공급자 잉여

먼저 이 개념들을 설명하기 전에, 앞에서 가정했던 수요공급 직선과 수요증가 자극으로 인해 변화한 경제 주체의 경제 행위에 대해서 그래프로 나타내면 다음과 같다(단, 앞에서의 경제 자극으로 인한 실제 수량은 15, 실제(평균)가격은 25, 단위당 생산비용은 15로 가정하고, 최대 수요가격은 30에서 35로 증가하고, 최소 공급가격은 10에서 15로 증가했다고 가정하자).

<table>
<tr><td>〈수요자 측면〉</td><td>〈공급자 측면〉</td></tr>
<tr><td>·의도 수요: 22×18=396</td><td>·의도 공급: 25×20=500</td></tr>
<tr><td>·실제 수요: 25×15=375</td><td>·실제 공급: 25×15=375</td></tr>
<tr><td>·수요 실패: 396-375=21</td><td>·공급 실패: 500-375=125</td></tr>
<tr><td>·수요자 잉여: -3×15=-45</td><td>·공급자 잉여: 375-300=75</td></tr>
<tr><td>·자극 전 수요: 20×12=240</td><td>·자극 전 공급: 20×12=240</td></tr>
<tr><td>·자극 후 수요: 25×15=375</td><td>·자극 후 공급: 25×15=375</td></tr>
<tr><td>·수요 증가: 375-240=135</td><td>·공급 증가: 375-240=135</td></tr>
</table>

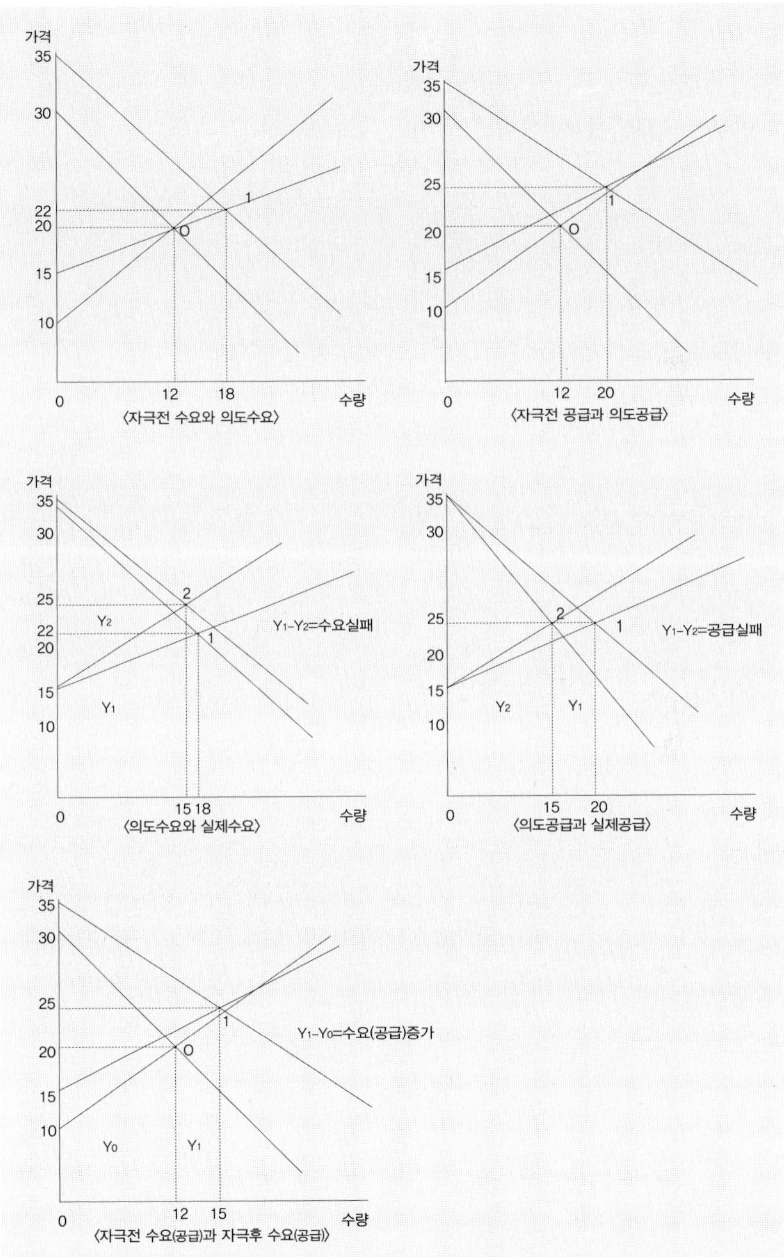

가격
35
30
22
20
15
10
0
12 18
수량
〈자극전 수요와 의도수요〉
1
O
가격
35
30
25
20
15
10
0
12 20
수량
〈자극전 공급과 의도공급〉
1
O
가격
35
30
25
22
20
15
10
0
15 18
수량
〈의도수요와 실제수요〉
2
1
Y2
Y1
Y1-Y2=수요실패
가격
35
30
25
20
15
10
0
15 20
수량
〈의도공급과 실제공급〉
2
1
Y2
Y1
Y1-Y2=공급실패
가격
35
30
25
20
15
10
0
12 15
수량
〈자극전 수요(공급)과 자극후 수요(공급)〉
1
O
Y0
Y1
Y1-Y0=수요(공급)증가

위에서 가정을 정리한 것과, 그래프로 나타낸 것을 비교해보면, 어떻게 가정하느냐에 따라서 정리 결과도 다르게 나타나고, 그래프의 모양도 바뀌는 것을 알 수 있다.

이 말은 어떤 경제 주체의 경제 행위를 2사분면의 그래프 따위의 규칙성으로 파악하려 하는 것은, 아무 의미가 없다는 것이다. 이는 단지 내 상식에서 나오는 생각을 표현한 것으로 여러분들도 내가 가정한 것들을 얼마든지 비판할 수 있으며, 스스로 주체적으로 자신의 의견을 제시할 수도 있을 것이다.

만약에 의도 수요량, 의도 공급량, 의도 수요가격, 의도 공급가격, 실제 가격, 실제 수량, 최대 수요가격, 최소 공급가격 중 하나라도 수치를 바꿨다면, 그래프 모양이나 위의 정리 내용도 달라졌을 것이다. 따라서 이 책에서는 수학적 의미를 찾으려 해서는 안 된다. 그래프는 단지 분석과정의 결과를 나타내주면 되는 것이다.

이 책에서는 내가 실제가격과 수량까지 모두 분석의 편의를 위해 간단한 수로 가정했지만,
좀 더 수요직선과 공급직선을 이용하고 싶으면, 의도수요와 의도공급(매출)을 통해서
결과를 예측하는 것도 그리 나쁘지는 않을 것 같다.

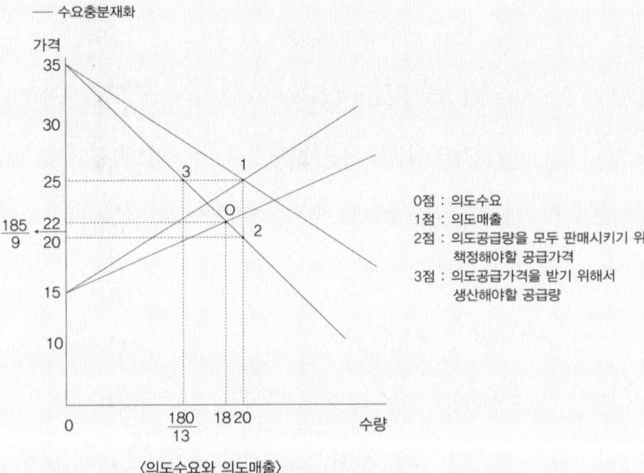

〈의도수요와 의도매출〉

공급자가 자신이 의도한 공급량을 모두 판매하기 위해서는
185/9의 공급가격을 책정하여야 한다.
그리고 공급자가 자신이 의도한 공급가격으로 판매하기 위한 적정한 공급량은
180/13만큼 생산하여야 한다.

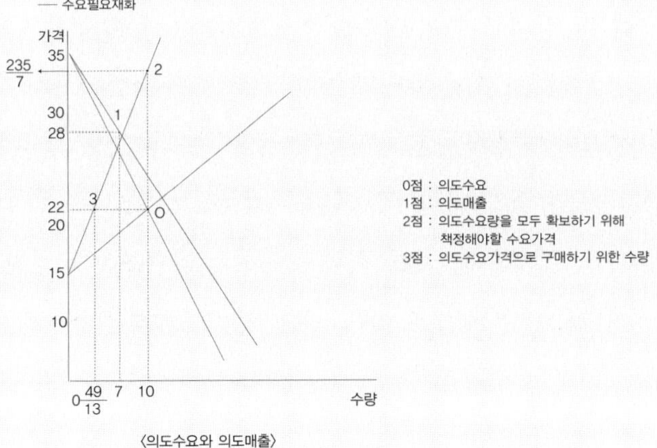

〈의도수요와 의도매출〉

수요자가 자신이 의도한 수량을 모두 확보하기 위해서는
235/7의 가격을 지불해야 한다.

수요자가 자신이 의도한 수요가격으로 구매하기 위해서는
49/13의 수량을 매입해야 한다.

그럼 이제, 수요 실패와 공급 실패에 대해서 알아보자. 수요 실패란, 수요자의 의도 수요에서 실제 수요의 차가 양일 경우를 말하고, 의도 수요와 실제 수요의 차가 음일 경우 수요 확장이라 한다. 그리고 수요자 잉여가 양일 경우, 잉여적 수요 실패(확장)라고 하고, 수요자 잉여가 음일 경우, 비잉여적 수요 실패(확장)라고 한다. 마찬가지로 공급 실패의 경우, 의도 공급과 실제 공급과의 차가 음일 경우를 말하며, 공급 확장의 경우는 의도 공급과 실제 공급과의 차가 양일 경우를 말한다. 그리고 공급자 잉여가 양일 경우, 잉여적 공급 실패(확장)라고 하고, 공급자 잉여가 음일 경우, 비잉여적 공급 실패(확장)라고 한다.

다음은, 수요자 잉여와 공급자 잉여에 대해서 알아보자. 우선 위의 정리에서 나와 있듯이 수요자 잉여는 -45, 공급자 잉여는 75로 수요자는 비잉여적 수요 실패를, 공급자는 잉여적 공급 실패를 보게 되었다. 그럼 수요자는 왜 비 잉여적 수요 실패를 얻었을까? 우선, 수요자 잉여를 파악하기 위해서는 의도 수요 가격과 실제 수요 가격을 파악해야 한다. 위의 정리를 보면 알겠지만, 수요자의 의도 수요 가격은 22인데 반해, 실제 수요 가격은 25로, 의도 수요 가격보다 3이 더 높다. 따라서 수요자는 의도 수요 가격보다 3만큼을 더 비싸게 15의 수량을 수요했으므로, $-3 \times 15 = -45$의 수요자 잉여 손실을 보게 된다. 하지만 여러분들 중 이 분석 과정을 의아해 하는 사람이 많을 지도 모르겠다. 즉, 수요가격만 3만큼 비싼 것뿐만 아니라, 의도 수요량도 다 못 채우지 않았느냐 하는 것이다. 그럼 상식적으로 한 번 생각해 보자. 우리는 과연 소비를 하지 못한 부분에 대해서 잉여 개념을 논하는 것이 타당한가하는 것이다.

예를 들어, 내가 정말 구입하고 싶은 자동차가 있는데, 그 자동차를 구입하지 못했다면 내 잉여는 감소한 것인가? 또 다른 예를 들면, 슈퍼에서 우유를 구입한다고 할 때, 공급가격이 2,000원인 우유를 나의 의도 수요가격은 1,800원이라 구입하지 않았다고 하자. 그럼 내 잉여가 감소한 것인가? 아니다. 내가 자동차와 우유를 구입하지 못했다 하더라도, 내가 원래 가지고 있던 돈이 소비되는 것이 아니고, 또한 그 돈으로 충분히 다른 재화를 구입함으로써, 잉여를 얻을 수 있는 것이다. 따라서 2,000만 원의 자동차를 구입했는데, 나의 의도 수요가격이 2,200만 원이었다면, 200만원의 잉여 이익을 얻게 되는 것이다. 그러나 의도수요가격이 1,800만 원이었는데도 불구하고, 2,000만 원의 자동차를 구입했다면, 나의 잉여 손실은 200만 원이 되는 것이다. 즉, 수요자의 잉여를 파악할 때는 수요한 부분에 대해서만 파악이 가능한 것이다.

마지막으로 공급자 잉여에 대해서 알아보면, 공급자 잉여는 실제 공급에서 생산비용을 뺀 것을 의미한다. 즉, 앞에서 실제 공급인 375와 의도 공급량 20과 단위당 생산비용인 15를 곱한 300을 빼주면, 75의 공급자 잉여 이익이 생기게 된다.

따라서 잉여 손실을 본 수요자보다 잉여 이익을 본 공급자가 더욱 수요중가 자극에 대해 합리적인 경제 행위를 했다고 생각할 수 있다. 하지만 실상은 다를 수 있다. 왜냐하면, 공급자의 경제 행위에서 잉여뿐만 아니라, 공급 실패의 규모도 중요하기 때문이다.

제3장

재화
시장

주요 개념

1. 수요가 공급을 창출한다

혹시 여러분은 '세이의 법칙'이라는 말을 들어 본 적이 있는가? 세이의 법칙이란 '공급이 스스로 수요를 창출한다.'는 의미를 가지는 법칙으로, 부분적인 공급 과잉은 발생될지 모르나, 일반적인 공급 과잉은 절대 발생되지 않는다는 매우 추상적인 의미를 가지고 있다. 즉, 일시적으로 기업의 생산물이 과잉 공급될 수는 있으나, 결국 모든 재고는 소비된다는 뜻이다. 그러나 이 법칙은 수요 필요재화의 경우에는 어느 정도 적용이 가능하나, 수요 충분재화의 경우에는 적용되지 않는다. 수요 필요재화의 경우, 재고의 가치가 보존될 경우, 일반적으로 공급 과잉을 일으키지 않지만, 수요 충분재화의 경우, 재고로 쌓여 소비되지 않으면, 일반적으로 공급 과잉이 발생하기 때문이다.

　그리고 이 세이의 법칙은 이미 20세기 초에 있었던, 대공황에 의해 그 실효성이 사라졌다고 보아야 한다. 이는 대공황이 바로 일반적 공급 과잉에 의해 발생되었기 때문이다. 즉, 제국식민주의가 한창이던 시절에 수많은 기업들은 저임금, 고노동으로 식민지의 노동자를 착취했을 뿐만 아니라, 자국 노동자들까지 착취하고 있었다. 그리고 그 착취 자본으로 기업들은 생산량을 크게 늘리게 되었지만, 저임금으로 착취당한 노동자들이 그 막대한 상품을 소비할만한 여력이 없었다. 따라서 결국 기업은 막대한 재고 물량을 처리하지 못해 도산하게 되고, 은행 또한 대부금을 받지 못해 함께 도산하고, 투기로 인해 주식시장도 하루아침에 무너진 사건이 바로 경제대공황이다.

　즉, 일반적 공급과잉은 소비가 침체되면 항상 발생하는 경제 현상이다. 지금도 많은 기업들이 소비침체로 인해 매출액 대비 적은 이익을 달성하는 것도, 따지고 보면 일반적 공급 과잉이거나, 그것을 회피하기 위해 주문생산방식이나 장기 무이자할부, 가격할인 등을 실행하기 때문이다.

　다시 처음으로 돌아와서, '공급이 스스로 수요를 창출한다.'는 것은 공급자가 어떤 재화를 생산하여 공급하면, 그 재화는 반드시 소비된다는 의미를 가지고 있다. 그러나 수요를 예측하지 않는 공급자가 과연 존재할까? 예를 들어, A라는 사람이 자동차를 개발했다고 하자. 그런데 자동차에 대한 수요가 전혀 없다면, 이 자동차라는 재화는 사람들에게 수요가 생길 때까지 영원히 사라지는 것이다. 과연 누가 이런 어리석은 짓을 하겠는가? 다른 예를 들자면, 화폐가 없는 교환경제에서 A는 밀을 생산하고, B는 양털을 생산한다고 하자. A는 양털이 겨울을 보내기 위해 꼭

필요한 것이고, B는 밀을 좋아하지 않고 쌀을 좋아한다고 하자. 그러면 A가 과연 다음 해에 밀농사를 짓겠는가? 어떤 생산자라도 수요가 없는 제품을 생산하지는 않는다. 따라서 공급은 수요에 따라 결정되는 것이지, 공급이 수요를 창출하는 것이 아니다. 수요를 무시한 공급을 한다면 오로지 창고에 막대한 재고물량과 도산만이 있을 뿐이다.

2. 경제 자극

경제 자극이란 경제 주체의 경제 행위에 영향을 주는 요인들로 이자율, 환경, 습관, 관습, 평판, 소문, 광고 등 무수히 많다. 이런 경제 자극은 수요량과 수요가격, 공급량과 공급가격을 변화시키는 자극으로 분류가 가능한데, 여기서는 크게 네 가지의 경우로 살펴보고자 한다, 즉, 수요량을 증가시키는 자극과 수요량을 감소시키는 자극, 공급량을 증가시키는 자극과 공급량을 감소시키는 자극으로 나누고자 한다.

예를 들자면, 좋은 소문이나 평판, 명절과 같은 시기, 성능 향상, 광고, 임금 상승 등은 수요량을 증가시키는 경제 자극에 속하며, 나쁜 소문이나 평판, 임금 하락, 문화나 종교적 요인 등은 수요량을 감소시키는 경제 자극에 속하게 된다. 그리고 원유 생산량 증가, 풍년으로 인한 곡물 생산량 증대, 제품 수요량 상승 등은 공급량을 증가시키는 경제 자극으로 볼 수 있으며, 기후에 따른 흉년이나 질병으로 인한 가축 수 감소, 원유 생산량 감소 등은 공급량을 감소시키는 경제 자극으로 볼 수 있다.

3. 수요 필요재화

수요 필요재화란, 수요가 필요한 상태에 있는 재화로서, 공급가격이 의도 수요가격보다 높을 경우에도, 소비를 해야 하는 재화를 의미한다.

수요 필요재화는 대체로 공급가격이 내려가면, 수요량은 크게 증가하고, 공급가격이 올라가도 수요량은 크게 감소하지 않으며, 공급량이 증가해도 수요가격은 거의 내려가지 않고, 공급량이 감소하면 수요가격은 크게 올라가게 된다.

수요 필요재화의 종류로는 주로 전기, 원유, 가스, 곡물과 같은 재료나 부품, 원료, 주식과 관련된 재화들을 들 수 있으며 이 재화들은 수요가 항상 필요한 상태에 있기 때문에, 경제 행위에 있어서 수요자보다는 공급자에게 더욱 유리하다.

이 수요 필요재화는 대부분 한정된 자원에 속하며, 소비 주기(같은 용도의 재화를 재구매할 때까지의 기간)가 비교적 짧고 규칙적이다. 또한 미래 가치저장성이 뛰어나 감가상각의 부담이 거의 없고, 소수의 국가들이 대부분을 생산하고 있기 때문에 판매 경쟁이 비교적 심하지 않아, 공급가격이 비싸다 하더라도, 반드시 소비를 해야 하기 때문이다.

4. 수요 충분재화

수요 충분재화란, 수요가 충분한 상태에 있는 재화로서, 공급가격이 의도 수요가격보다 높을 경우, 굳이 소비해야 할 필요가 없는 재화를 의미한다. 즉 공급가격이 내려가도 수요량은 크게 증가하지 않고, 공급가격이 올라가면, 수요량은 크게 감소하게 된다. 그리고 수요가격이 오르면 공급량은 크게 증가하고, 수요가격이 내려가도 공급량은 크게 줄지 않는다.

예를 들어, 현재 기업들이 생산하고 있는 대부분의 재화들은 수요 충분재화에 속하는 경우로서, 컴퓨터, 세탁기, 냉장고, TV, 휴대폰 등은 이미 사회에서 충분히 수요된 재화를 의미한다. 그리고 수요 충분재화는 공급자보다는 수요자가 경제행위에 있어서 더 유리하다. 이것은 수요 충분재화는 대부분 대량생산에 소비주기가 비교적 길고 불규칙하며, 미래의 가치저장성이 없어 감가상각이 크고, 판매경쟁이 비교적 심하므로 공급가격이 의도 수요가격보다 높을 경우, 소비자가 굳이 소비할 필요가 없기 때문이다.

지금까지 두 재화에 대해서 알아보았으나, 이 재화들은 고정되어 있는 것이 아니라, 지역이나 문화, 시기별로, 그리고 경제 주체의 소득 수준에 의해서 달라지게 된다.

특히 수요충분성과 수요필요성이 약한 재화들은 재화의 성질이 경제자극에 따라 수시로 바뀐다. 예를 들어, 농수산물과 같이 수요필요성이 약한 재화는 만약 공급가격과 공급량보다 의도수요가격과 의도수요량이 작을 경우, 더 이상 수요필요재화가 될 수 없다. 그리고 이런 재화들의 수요충분성을 더욱 강하게 해주는 것이 바로 소득감소이다. 만약 수요필요성이 강한 재화의 소비에 대부분의 소득이 지출된다면, 수요필요성이 약한 재화는 가격이 비싸든 싸든, 양이 많든 적든지 간에 아무 상관없이 수요충분재화에 속하게 된다. 즉 가스, 석유, 곡물 등의 소비를 제치고, 각종 과일이나 육류 생선 등을 소비하는 경제주체는 거의 없다. 예를 들어, 한국인의 밥상에 쌀밥, 미역국, 김치, 불고기, 해물탕, 김이 있다고 하자. 여기서 경제적으로 가장 중요한 음식은 무엇이겠는가? 가격이 비싼 불고기나 해물탕이겠는가? 아니다. 바로 쌀밥이다. 왜냐하면 가격은 가장 저렴하지만, 수요필요성은 가장 강하기 때문이다. 즉, 쌀의 가격이 저렴하기 때문에 밥상에 각종 반찬이 존재할 수 있는 것이다. 따라서 자본주의는 이런 수요충분재화가 계속 늘어나면, 무너지게 되어 있는 것이다. 작금의 현실경제상황은 자본주의의 종착역에 도착하기 얼마 남지 않은 상태에 있다. 즉, 빵과 물만이 수요필요재화가 될 날이 얼마 남지 않았다는 것이다.

한국	재화
수요충분성이 강한 재화	TV, 냉장고, 세탁기, 에어컨, 전자렌지, 가구류, 컴퓨터, 대형아파트...
수요충분성이 약한 재화	스마트폰, 자동차, 의류.잡화, 외식상품, 각종 가공식품...
수요필요성이 약한 재화	육류, 생선, 과일, 채소, 일반음식, 소형아파트...
수요필요성이 강한 재화	석유, 곡물, 금속, 전기, 가스, 의료, 교육, 주류, 담배...

위의 표는 내가 우리나라의 재화와 종류를 개인적으로 정리한 것이다.
표를 보면 알겠지만, 수요충분재화는 비교적 가치저장성(미래수요)이 낮을수록,
소비주기가 길수록, 판매경쟁성이 높을수록, 구매경쟁성이 낮을수록 해당되며,
수요필요재화는 그 반대이다.
그리고 소득이 적을수록 대체로 화살표 방향으로 소비가 감소한다.
(소득이 감소할수록 수요충분재화의 종류와 수량이 늘어난다는 것이다.)
즉, 소득이 적을수록 문명의 혜택을 받지 못한다는 것이다.

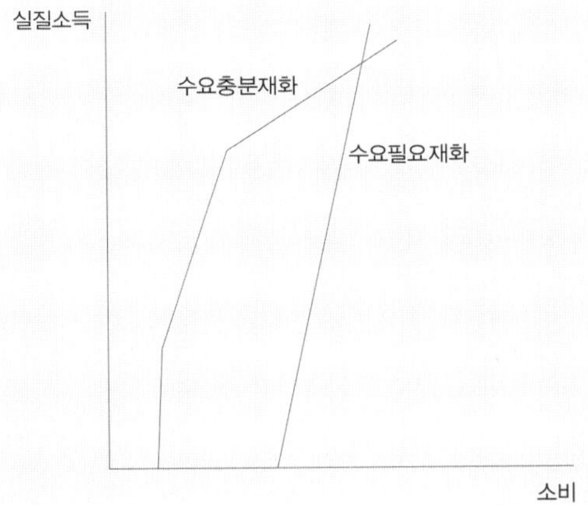

실질 소득이 낮을수록 대체로 소비에서 수요필요재화의 부분이 커진다.

분석의 가정

나는 앞에서 인간의 경제 행위를 분석하면서 수학적 도구에 매몰되어 분석하는 방법은 어떠한 경제 현상도 설명할 수 없다고 말했었다. 그리고 경제 현상을 분석함에 있어서는 상식적인 가정을 바탕으로 대략적인 진단만을 내릴 수 있다고 말하였다. 이제 경제 행위에 대한 상식적인 가정을 통해, 경제 현상을 설명하고, 그에 대한 진단을 내려 보고자 한다.

먼저, 앞에서 설명했지만, 재화를 두 가지로 분류하고 있는데, 수요가 충분한 상태에 있는 수요 충분재화와 수요가 필요한 상태에 있는 수요 필요재화가 바로 그것이다.

내가 재화를 수요 위주로 분류한 이유는, 바로 수요가 공급을 창출하기 때문이며, 모든 경제적 재화는 이 두 가지 재화 중 하나에 속할 수밖에 없다.

그러면, 수요직선과 공급직선을 각 재화별로 나타내보자. 사실 이 직선들을 더욱 현실적으로 나타내기 위해서는 자료나 시장조사가 가장 유용할 것이다.

　하지만 지금은 분석의 편의를 위해 경제 자극 전의 공급직선과 수요직선의 기울기를 각각 1과 -1로 가정하고자 한다. 그리고 최대 수요가격을 나타내는 수요곡선의 Y절편과 최소 공급가격을 나타내는 공급곡선의 Y절편을 동일하게 각각 30과 10으로 가정하고자 한다. 단, 단위당 생산비용은 수요 충분재화의 경우 15로 하고, 수요 필요재화의 경우 10으로 가정하고자 한다. 왜냐하면, 어느 정도의 시간이 지났을 때는 수요 충분재화의 경우, 재화의 특성상 재고로 쌓이게 되면, 손실을 보고서라도 신속하게 처분해야하는 재화이므로, 비록 생산비용이 15이더라도 최소 공급가격은 그보다 낮은 10으로 책정하는 것이 타당하기 때문이다. 그리고 수요 필요재화의 경우, 사실 최소 공급가격이 10보다 커야 하지만, 분석의 편의를 위해 생산비용과 같은 수준으로 가정하였다. 물론, 가정을 어떻게 하더라도 분석의 결론에는 변함이 없다.

수요 충분재화

1. 수요증가 자극

수요 충분재화 시장에서 수요가 증가하는 경제 자극이 주어지는 경우, 과연 경제 주체는 어떻게 행동할까?

먼저, 앞에서 가정한 공급직선과 수요직선을 살펴보면, 공급직선은 수요가격=1×수요량+10이 되고, 수요직선은 공급가격=-1×공급량+30이 된다. 그리고 이 두 직선이 만나는 곳은 실제 매출(수요)이 된다. 그 크기를 구해보면, 실제 가격은 20, 실제 수량은 10이 되어, 이 두 가지를 곱한 것을 수요증가 자극이 있기 전의 가격과 수량을 나타낸다고 하여, 자극 전 매출(수요)이라 한다.

이제는 수요증가 자극이 주어졌을 때, 상식적인 가정에 의한 경제 주체의 행동을 분석해 보도록 하자. 수요 충분재화의 경우, 수요증가 자극에 의해 수요량이 증가했을 때는 공급자는 공급가격을 올리고, 공급량을 증가시키게 된다. 그런데 여기서 중요한 것은 바로 공급가격과 수요가격과의 차이이다.

수요 충분재화의 경우, 수요자는 수요량을 증가시켰다고 해서, 수요가격을 크게 올리지는 않는다. 왜냐하면, 가격이 비싸면 굳이 소비할 필요가 없기 때문이다. 하지만 공급자는 수요량이 증가하게 되면, 공급가격을 수요가격보다 크게 올리게 된다. 대부분의 수요 충분재화는 판매 경쟁이 심하고, 가치저장성이 뛰어나지 않아 감가상각이 심하고, 고정비용(임금, 시설유지비, 조세 등)이 커서, 단기간에 많은 수익을 올려야 하기 때문이다. 그런데 이런 판매 전략은 사실, 수요 필요재화에서나 통하는 것이지, 수요 충분재화를 생산하는 기업에서 이렇게 한다면 큰 피해를 보게 된다. 그 이유를 분석하면서 알아보도록 하자.

그럼 수요증가 자극에 의한 경제 주체들의 행동을 수치로 가정해 보겠다. 우선 수요자의 경우, 수요 충분재화에 대한 의도 수요량이 10에서 12로 증가했다고 하자. 그리고 의도 수요량이 증가함에 따라 공급자는 의도 공급가격을 20에서 25로 높이고, 의도 공급량을 10에서 15로 증가시켰다고 하자. 하지만 수요자의 의도 수요가격은 20에서 22로 상승했다면, 경제 자극 후의 실제 가격과 실제 수량은 대략 어떻게 변할 것이라 예상할 수 있겠는가?

여러분이 보면 알겠지만, 공급자가 의도한 공급가격이 25이고, 수요자가 의도한 수요가격이 22이다. 즉, 공급가격이 의도 수요가격보다 높기 때문에 수요 충분재화에 대한 수요자의 수요량은 12에서 다시 10으로 내려갈 것이라 생각할 수 있으며, 자극 후의 실제 가격은 25, 실제 수량은 10으로 예상할 수 있다.

물론, 이런 분석 과정은 나의 상식적인 가정에 의한 것으로, 실제 수요량이 10보다 덜 감소할 수도 있고, 더 감소할 수도 있을 것이다. 그리고 수요증가 자극으로 인해 최소 공급가격은 10에서 15로 상승하고, 최대 수요가격은 30에서 35로 증가했다고 가정해보자.

위의 분석 과정을 정리하면 다음과 같이 나타낼 수 있다.

〈수요자 측면〉	〈공급자 측면〉
·의도 수요: 22×12=264	·의도 매출: 25×15=375
·실제 수요: 25×10=250	·실제 매출: 25×10=250
·수요 실패: 264-250=14	·매출 실패: 375-250=125
·수요자 잉여: -3×10=-30	·공급자 잉여: 250-225=25
·자극 전 수요: 20×10=200	·자극 전 매출: 20×10=200
·자극 후 수요: 25×10=250	·자극 후 매출: 25×10=250
·수요 증가: 250-200=50	·매출 증가: 250-200=50

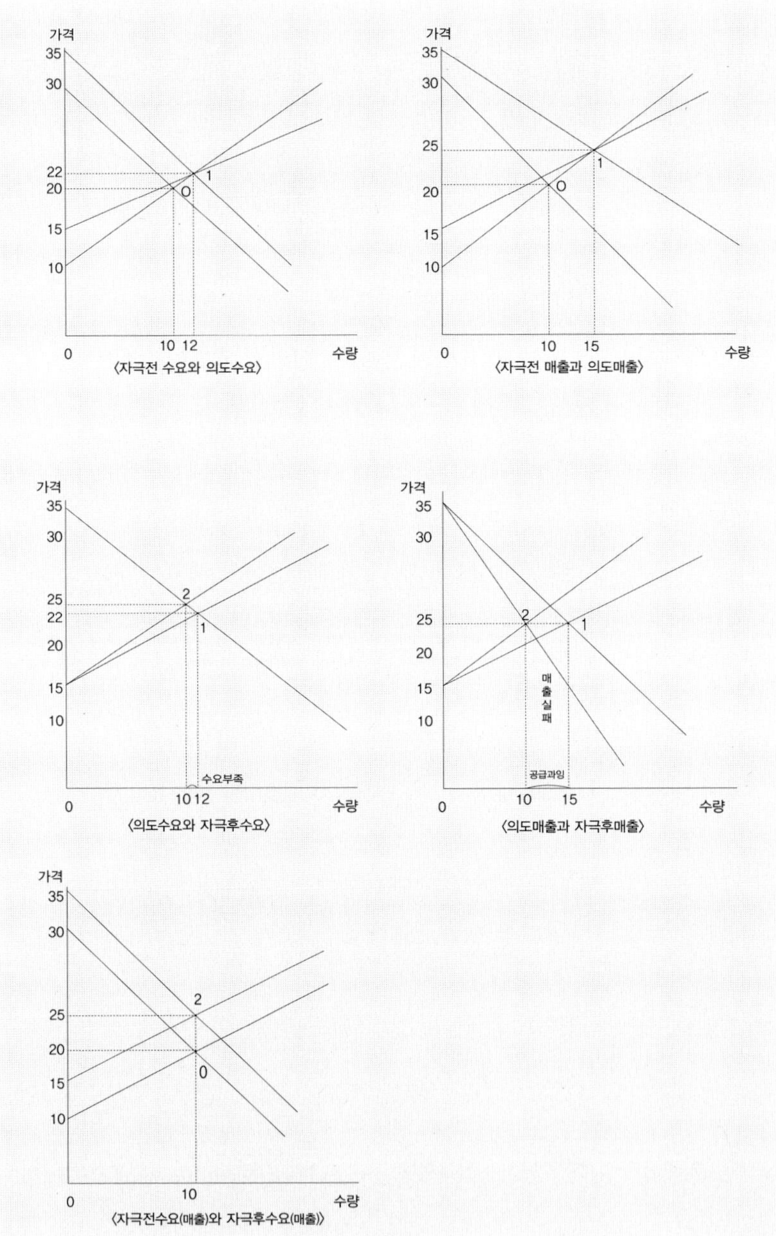

가격
35
30
22
20
15
10
0
10 12
수량
〈자극전 수요와 의도수요〉
가격
35
30
25
20
15
10
0
10 15
수량
〈자극전 매출과 의도매출〉
가격
35
30
25
22
20
15
10
2
1
수요부족
0
10 12
수량
〈의도수요와 자극후수요〉
가격
35
30
25
20
15
10
2
1
매출실패
공급과잉
0
10 15
수량
〈의도매출과 자극후매출〉
가격
35
30
25
20
15
10
2
0
0
10
수량
〈자극전수요(매출)와 자극후수요(매출)〉

수요 충분재화의 경우, 수요증가 자극이 주어졌을 경우 공급자가 수요가격보다 높은 공급가격을 책정했을 때는, 수요자의 경우 잉여 손실과 수요 실패가 발생하게 되며, 공급자의 경우, 비록 잉여 이익을 얻게 되지만(자극 전 잉여보다 오히려 적은 잉여를 얻고 있다), 큰 매출 실패를 초래하게 된다. 그럼, 여기서 매출 실패가 일어나면, 기업에 어떠한 영향을 미치게 되는지에 대해 알아보자.

위의 분석에서는 비록 기업에게 수요가격보다 높은 공급가격 책정이 양의 이윤을 주었지만, 그에 반해 엄청난 공급 과잉이 발생된다는 것을 알 수 있을 것이다.

기업의 매출 실패는 대부분 공급 과잉에 의해 발생되며, 공급 과잉이 발생되면, 기업은 차후 신속한 자금조달에 실패하여 생산 계획에 큰 차질을 빗게 되고, 재고 물량에 대한 처리를 위해 큰 비용을 감수해야 한다.

따라서 기업은 물론 이윤 획득도 중요하지만, 향후 자신에게 막대한 타격을 줄 매출 실패를 매우 경계해야 한다.

그럼 매출 실패가 어떠한 영향을 미치는지, 재고처리 과정의 예를 통해 자세히 살펴보자.

기업이 이전보다 성능이 향상된 신제품을 출시한다고 가정하자.

신제품이 출시되기 전, 경제 상태는 앞에서 가정한 것과 동일하게, 수요량 10, 수요가격 20, 공급량 10, 공급가격 20, 단위당 생산비용 15, 최대수요가격 30, 최소공급가격 10으로 가정하자.

① 초기

　신제품이 출시되면, 수요충분 재화를 생산하는 기업은 생산비용을 고려하여, 새로운 공급가격을 책정하게 된다. 만약 기업이 수요가격을 고려하는 데 실패하고, 자신의 이윤을 높이기 위해 공급가격을 높게 책정했다면, 다음과 같은 경제주체의 경제행위를 가정할 수 있다. 수요자의 경우, 제품의 성능향상과 기업의 판촉활동으로 인해, 수요량이 자극 전보다 10에서 12로 늘어나고, 수요가격이 20에서 35로 증가했다고 가정하자. 그리고 기업은 공급량을 10에서 15로 늘리고, 공급가격을 20에서 40으로 증가시켰다고 가정하자. 그리고 단위당 생산비용은 20으로 상승하고, 최소공급가격은 30, 최대수요가격은 50이라고 가정하자. 따라서 결국 실제가격 40, 실제수량 10이 성립되었다고 한다면, 다음과 같이 정리할 수 있다.

<수요자측면>

- 의도수요: 35×12=420

- 실제수요: 40×10=400

- 수요실패: 420-400=20

- 수요자 잉여: -5×10=-50

- 자극 전 수요: 20×10=200

- 자극 후 수요: 40×10=400

- 수요증가: 400-200=200

<공급자측면>

- 의도매출: 40×15=600

- 실제매출: 40×10=400

- 매출실패: 600-400=200

- 공급자 잉여: 400-300=100

- 자극 전 매출: 20×10=200

- 자극 후 매출: 40×10=400

- 공급증가: 400-200=200

수요자의 경우, 자신이 의도한 가격보다 높은 가격에 제품을 수요했기 때문에, 큰 잉여 손실을 보게 되고, 공급자의 경우는 비록 잉여 이익을 얻었으나, 공급과잉으로 인해 큰 매출실패를 겪게 된다.

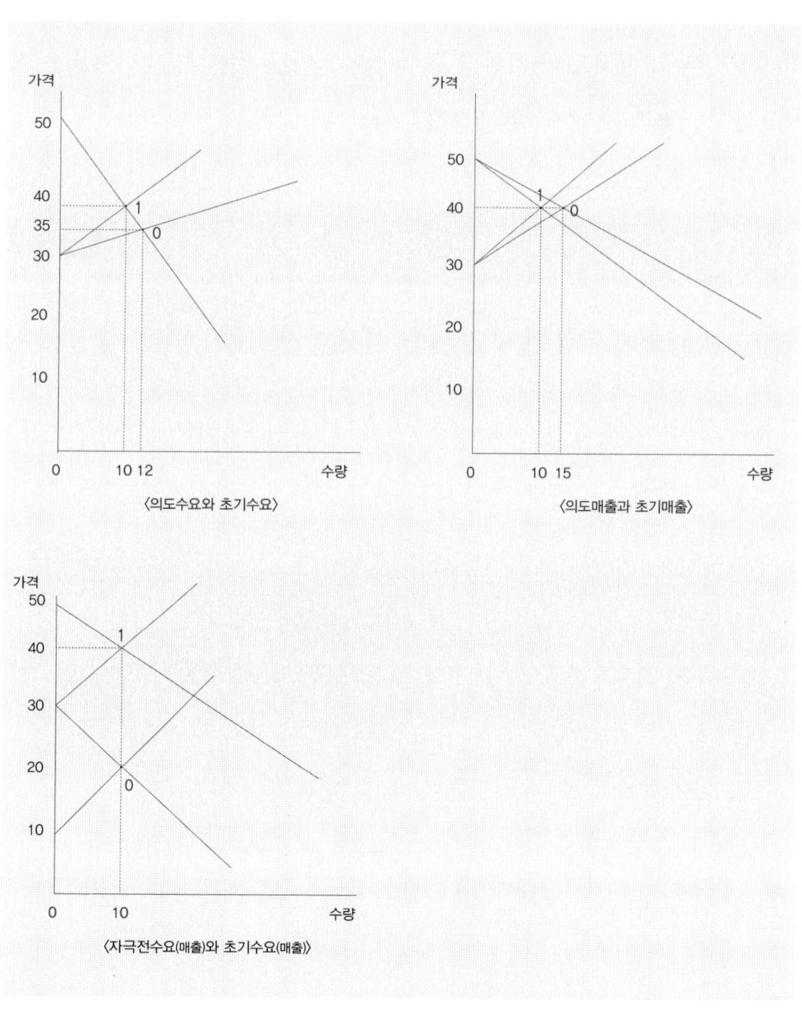

〈의도수요와 초기수요〉

〈의도매출과 초기매출〉

〈자극전수요(매출)와 초기수요(매출)〉

② 중기

　중기에 접어들면, 제품이 출시된 때보다 수요량과 수요가격이 하락하게 된다. 왜냐하면, 수요충분 재화의 특성상 판매경쟁이 심하기 때문에 시간이 지나면, 가치가 급격하게 내려가기 때문이다. 그리고 공급자의 경우도, 생산비용은 생산초기보다 물가상승이나 임금상승의 영향으로 증가할지라도, 재고를 처리하기 위해서나 가치가 떨어진다는 것을 인지하고 있으므로 공급가격을 내리게 된다.

　하지만 공급량은 초기의 재고물량과 더불어 증가하게 된다. 따라서 이와 같은 경제행위를 다음과 같이 가정해보자. 수요량은 12에서 10으로 감소하고, 수요가격은 35에서 30으로 감소하며, 공급가격은 40에서 35로 감소하고, 공급량은 재고물량(5)와 중기 공급량(15)를 합한 20이다. 그리고 단위당 생산비용은 22로 증가하고, 최소공급가격은 25 최대수요가격은 45로 가정하며, 결국 실제가격은 35, 실제수량은 8이 성립되었다고 한다면 다음과 같이 정리할 수 있다.

〈수요자측면〉	〈공급자측면〉
·의도수요: 30×10=300	·의도매출: 35×20=700
·실제수요: 35×8=280	·실제매출: 35×8=280
·수요실패: 300-280=20	·매출실패: 700-280=420
·수요자 잉여: -5×8=-40	·공급자 잉여: 280-330=-50
·초기수요: 40×10=400	·초기매출: 40×10=400
·중기수요: 35×8=280	·중기매출: 35×8=280

·수요감소: 400-280=120　　　　　　·매출감소: 400-280=120

　　결국, 수요자는 잉여손실을 입게 되고, 공급자의 경우 막대한 공급과
잉으로 인해 큰 매출실패를 겪게 되어, 생산비용을 절감하기 위해, 고용
을 감소시키고 임금을 삭감하여, 직원 수를 줄이게 된다. 이를 막기 위
해서는 이 시점에서 신제품을 다시 개발하거나하는 수요증가 자극이 있
어야 한다.

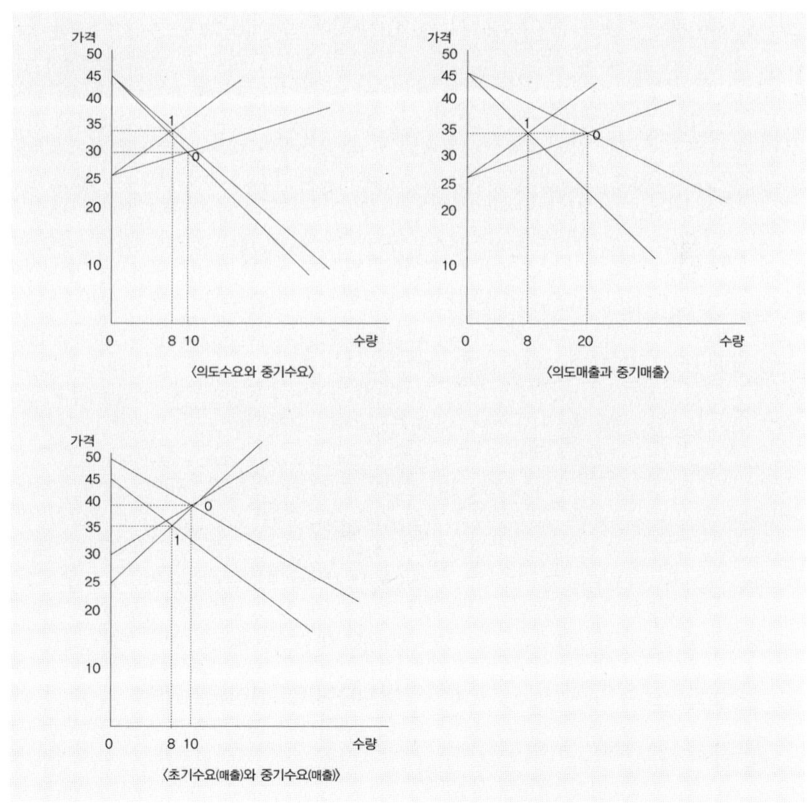

③ 후기

　중기에서 막대한 공급과잉으로 인해, 기업은 큰 위기에 봉착하게 되어, 공급가격을 더욱 하락시키고, 생산을 크게 줄이게 된다. 그리고 재고물량을 처리하기 위해 생산비용보다 낮은 가격에도 상품을 처분해야하는 상황에 이른다.

　수요자의 경우, 기업의 고용감소와 낮은 임금, 대량해고로 인해 소득이 감소하여, 수요가격과 수요량을 더욱 감소시키게 된다. 따라서 이를 대략적으로 수치화하면, 다음과 같다.

　수요량은 10에서 8로 감소하고, 수요가격은 30에서 25로 감소하며, 공급량은 재고물량(12)와 후기 공급량(8)을 더하여 20으로 가정하며, 공급가격은 35에서 30으로 감소하여, 결국 실제가격은 30, 실제수량은 5에 거래가 성립된다고 가정하자. 단, 단위당 생산비용은 24로 증가하고 최소공급가격은 20, 최대수요가격은 40으로 가정하자.

〈수요자측면〉	〈공급자측면〉
·의도수요: 25×8=200	·의도매출: 30×20=600
·실제수요: 30×5=150	·실제매출: 30×5=150
·수요실패: 200-150=50	·매출실패: 600-150=450
·수요자 잉여: -5×5=-25	·공급자 잉여: 150-192=-42
·중기수요: 35×8=280	·중기매출: 35×8=280
·후기수요: 30×5=150	·후기매출: 30×5=150
·수요감소: 280-150=130	·매출감소: 280-150=130

결국, 공급자는 막대한 매출실패로 인해 도산하거나, 아니면 실물생산
보다는 금융투자와 캐피탈사업 쪽으로 눈을 돌리게 된다. 이로 인해 고
용은 더욱 악화되고, 소비는 더 감소하여, 경기침체가 지속된다.

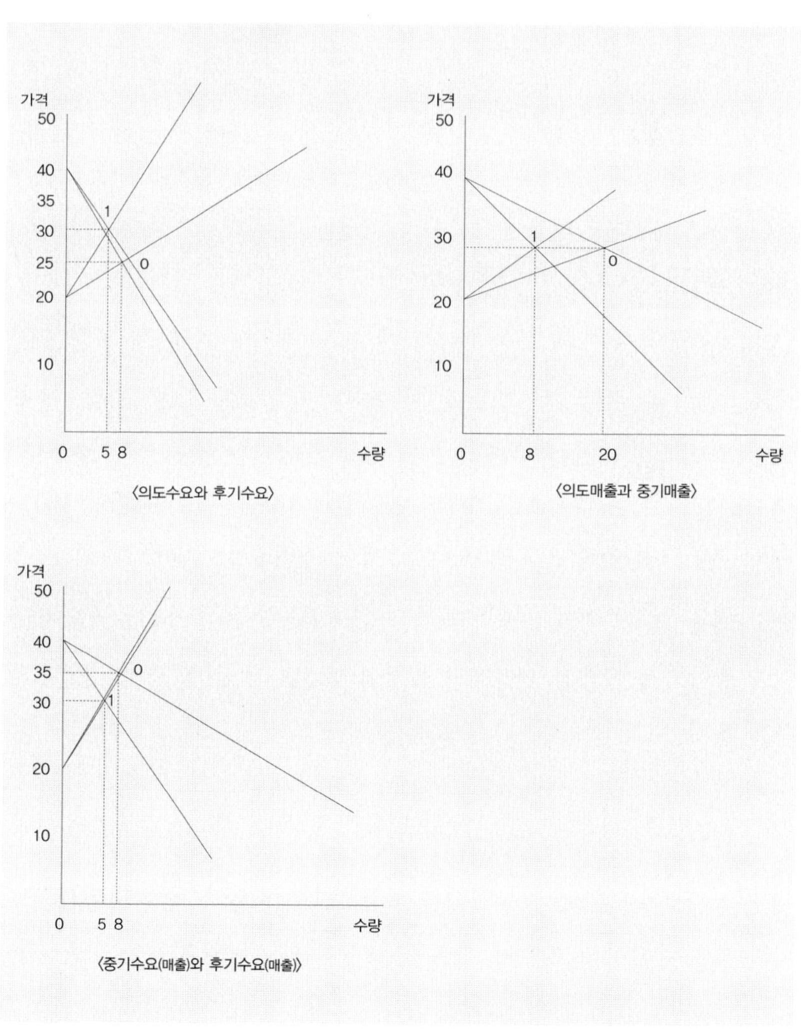

앞에서 수요 충분재화에 대해 공급자가 수요가격을 무시하고 공급가격을 책정하게 되면, 수요자 입장에서도 피해가 크지만 공급자 입장에서도 큰 피해를 입게 된다는 것을 알 수 있었다.

그렇다면, 수요 충분재화를 생산하는 공급자는 어떻게 행동해야 하는가?

지금과 같이 제품을 출시할 때, 공급가격을 많이 받기 위해서 광고나 전시회 등을 활용해서는 안 된다. 이런 판매 행위는 소수의 수요가격이 큰 소비자들(얼리 어댑터, 고소득층, 혼수장만 등의 계획이 있는 신혼부부들)에게만 효과가 있을 뿐, 다수의 소비를 이끌어 내지 못해, 자칫 막대한 손실을 입을 수 있기 때문이다.

따라서 공급자는 제품을 출시할 때, 광고 행위나 판촉 행사 같은 수요증가 자극을 주는 동시에 그 시장 상황에 맞는 철저한 시장조사를 통해서, 자신의 이윤을 최대화시킬 수 있는 수요량과 수요가격대를 비교적 정확하게 파악해야 한다. 즉, 철저한 수요파악으로 제1장에서 예시한, 7,000원의 가격 책정으로 단기에 이윤을 최대화하는 것이다. 다시 한 번 말하지만, 수요 충분재화는 감가상각이 크고, 경쟁이 심해서 처음에 무리한 공급가격을 책정하여 재고 물량을 늘리는 것은 자멸하는 것과 같다고 할 수 있다.

그럼, 만약 수요 충분재화를 생산하는 공급자가 수요의 변화를 비교적 정확하게 예측하여 공급가격을 책정하면, 어떠한 결과가 발생할까?

즉, 의도 수요량이 10에서 12로 상승하고, 의도 수요가격이 20에서 22로 상승한 것을 비교적 잘 파악했다면, 기업은 의도 공급량을 10에서

13으로 증가시키고, 의도 공급가격을 20에서 22로 책정하여, 결국 실제 가격 22, 실제 수량 12가 되었다면, 앞에서 분석한 내용과 어떠한 차이가 있는지 알아보자.

〈수요자 측면〉	〈공급자 측면〉
·의도 수요: 22×12=264	·의도 매출: 22×13=286
·실제 수요: 22×12=264	·실제 매출: 22×12=264
·수요 실패: 0	·매출 실패: 286-264=22
·수요자 잉여: 0	·공급자 잉여: 264-195=69
·자극 전 수요: 20×10=200	·자극 전 매출: 20×10=200
·자극 후 수요: 22×12=264	·자극 후 매출: 22×12=264
·수요 증가: 264-200=64	·매출 증가: 264-200=64

표를 보면, 앞에서 수요를 무시한 공급자의 행위와는 비교조차도 되지 않을 만큼, 경제 주체들에게 좋은 영향을 미친 것을 알 수 있다. 즉, 수요자의 수요 실패는 사라졌으며, 경제 전체적으로 수요와 매출이 더 증가하였고, 공급자의 매출 실패도 많이 줄어들었으며, 잉여 또한 크게 늘어났다.

여기서 더 나아가, 만약 기업이 수요증가 자극이 있는데도 불구하고, 공급가격을 올리지 않았다면, 어떻게 될까? 수요량은 10에서 12로 증가하고, 수요가격은 20에서 22로 증가했을 때, 공급자는 공급량을 10에서 13으로 증가시키고, 공급가격을 20으로 올리지 않았을 때, 의도 수요가격보다 공급가격이 더 저렴하기 때문에, 수요량이 12에서 15로 늘어나

오히려, 공급부족 현상이 일어날 수도 있다.

하지만 수요 충분재화를 생산하는 기업에게 소비증가로 인한 공급부족 현상은 축복이라 할 수 있다. 결국, 기업이 공급량 부족에 대해 신속하게 대응하였다면, 다음과 같이 나타낼 수 있다.

〈수요자 측면〉

·의도 수요: 22×12=264

·실제 수요: 20×15=300

·수요 확장: 300-264=36

·수요자 잉여: 2×15=30

·자극 전 수요: 20×10=200

·자극 후 수요: 20×15=300

·수요 증가: 300-200=100

〈공급자 측면〉

·의도 매출: 20×13=260

·실제 매출: 20×15=300

·매출 확장: 300-260=40

·공급자 잉여: 300-225=75

·자극 전 매출: 20×10=200

·자극 후 매출: 20×15=300

·매출 증가: 300-200=100

표를 보면, 공급자가 기업가 정신을 발휘할 경우, 수요자의 경우, 수요 확장과 잉여 이익을 얻게 되고, 공급자의 경우, 매출 확장과 큰 잉여를 얻게 되며, 사회 전체적으로도 큰 매출(수요)증가가 발생하게 되어, 경제는 더욱 활성화된다.

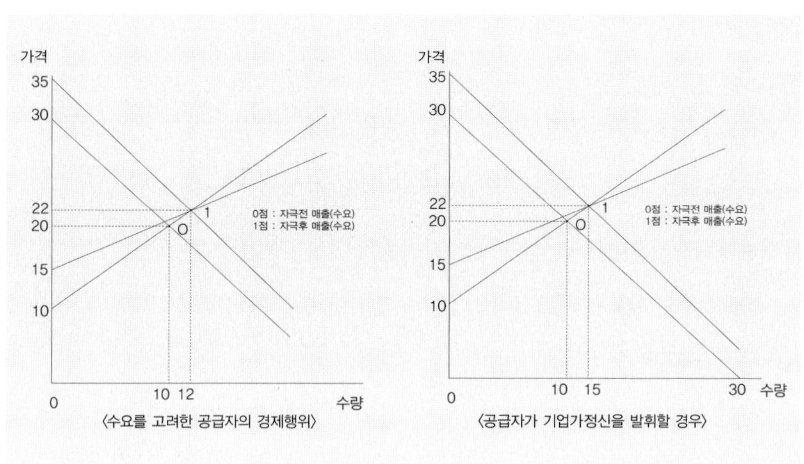

2. 수요감소 자극

수요 충분재화에서 수요감소 자극이 일어날 경우(나쁜 평판과 소문, 소득감소), 공급자의 공급가격의 하락보다는 수요자의 수요가격 하락이 더 큰 폭으로 발생하게 된다.

따라서 의도 수요량이 10에서 8로 감소하고, 의도 수요가격이 20에서 15로 변하였으나, 공급자는 공급량을 10으로 그대로 유지하여 생산하고, 공급가격을 20에서 18로 낮추는 경제 행위를 하여, 결국 실제 수량이 5, 실제 가격이 18이 성립되었다고 가정하자. 그리고 수요감소 자극이 일어나면, 최대 수요가격이 감소하게 된다. 따라서 최대 수요가격이 30에서 25로 하락했다고 가정하자(여기서 실제 수량 5도 관대한 것이다. 수요 충분재화에서 수요감소 자극이 일어났는데, 공급자가 높은 공급가격을 유지한다면, 판매가 전혀 안될 수도 있다는 것을 명심하자).

그러면 다음과 같이 정리할 수 있다.

<table>
<tr><td>〈수요자 측면〉</td><td>〈공급자 측면〉</td></tr>
<tr><td>·의도 수요: 15×8=120</td><td>·의도 매출: 18×10=180</td></tr>
<tr><td>·실제 수요: 18×5=90</td><td>·실제 매출: 18×5=90</td></tr>
<tr><td>·수요 실패: 120-90=30</td><td>·매출 실패: 180-90=90</td></tr>
<tr><td>·수요자 잉여: -3×5=-15</td><td>·공급자 잉여: 90-150=-60</td></tr>
<tr><td>·자극 전 수요: 20×10=200</td><td>·자극 전 매출: 20×10=200</td></tr>
<tr><td>·자극 후 수요: 18×5=90</td><td>·자극 후 매출: 18×5=90</td></tr>
<tr><td>·수요 감소: 200-90=110</td><td>·매출 감소: 200-90=110</td></tr>
</table>

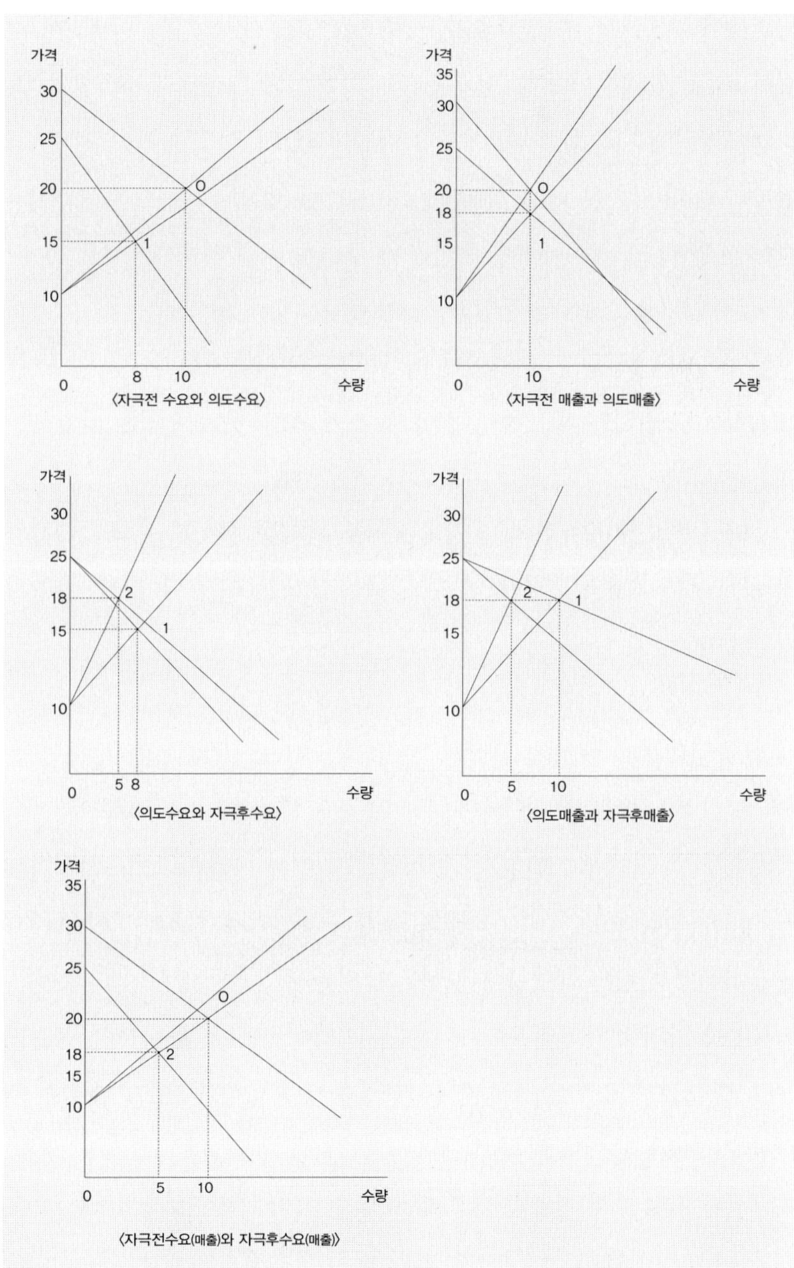

가격
30
25
20
15
10
O
1
0
8
10
수량
〈자극전 수요와 의도수요〉
가격
35
30
25
20
18
15
10
O
1
0
10
수량
〈자극전 매출과 의도매출〉
가격
30
25
18
15
10
2
1
0
5 8
수량
〈의도수요와 자극후수요〉
가격
30
25
18
15
10
2
1
0
5
10
수량
〈의도매출과 자극후매출〉
가격
35
30
25
20
18
15
10
O
2
0
5
10
수량
〈자극전수요(매출)와 자극후수요(매출)〉

수요 충분재화의 경우, 수요감소 자극이 있을 경우, 사회 전체적인 수요와 매출 감소는 어쩔 수 없지만, 공급자가 수요가격을 무시하고, 높은 공급가격을 유지하게 되면, 수요자 측면에서도 손실을 보게 되지만, 공급자의 경우, 막대한 매출 실패와 잉여 손실을 입게 된다. 특히 오늘날과 같이 저임금, 고실업 시대에 중산층이 무너져 버린 사회에서 어느 누가 값비싼 수요 충분재화를 구입하겠는가?

성능이 아무리 좋고, 디자인이 아무리 아름다워도, 하루하루 수요 필요재화도 소비하기 빠듯한 실정에, 값비싼 수요 충분재화를 구입하는 것은 사치다.

따라서 수요 충분재화의 경우, 수요감소 자극이 주어졌을 때도 수요증가 자극이 주어졌을 때와 같이 수요가격을 고려하여 공급가격을 책정해야만 한다.

즉, 수요가격이 15까지 하락한 상태라면, 기업은 수요감소 자극이 있을 경우, 수요 충분재화로 이익을 볼 생각을 하면 안 된다. 따라서 공급가격을 15로 책정하게 되면, 실제 수량은 8, 실제 가격은 15가 되어, 앞에서 공급가격이 의도 수요가격보다 높게 책정되었을 경우보다 수요자와 공급자에게 미치는 악영향이 줄어들게 된다.

하지만 단위당 생산비용이 15이므로 기업이 부담을 줄이려면, 생산비용을 절감할 수밖에 없는데, 이럴 때 정부에서 조세감면이나 재정적 혜택을 기업에게 주어야 하는 것이다.

그러나 노동자의 임금을 줄이거나, 하청업체의 납품단가를 인하하는 일은 결코 있어서는 안 된다. 이는 모두 가계의 재정을 악화시켜 소비를 감소시키는 행위이기 때문이다. 즉, 종업원의 임금을 낮춰 버리면, 수요 충분재화에 대한 소비가 더욱 감소할 것이고, 또한 하청업체의 납품단가를 인하해 버리면, 그 업체의 재정이 악화되어, 하청업체의 종업원에게까지 피해가 가기 때문이다.

따라서 아무리 수요가 감소하는 자극이 있어도, 가계의 재정을 악화시키는 행위는 결국 부메랑이 되어, 기업의 수요 충분재화 판매에 큰 악영향을 미치게 된다.

지금과 같이 가계의 재정이 악화되고, 소비가 장기간 침체에 빠진 이유는 바로 기업이 수요 충분재화를 생산하고 판매하는 과정에서 수요가격을 무시한 공급가격의 책정으로 인해 재정이 부실하게 된 것에 대해 가계의 재정을 악화시키는 임금삭감, 비정규직 확대, 납품단가 인하 등으로 대응했기 때문이다.

결국, 이러한 대응으로 기업의 실질적인 판매 실적이 더욱 악화되었다.

그리고 오래전부터 전 세계적으로 일자리 창출문제가 심각하게 대두되고 있으나, 이를 해결하는 방안을 제대로 모색하지 못하고 있는 실정이다.

나는 일자리 창출문제는 수요충분 재화의 소비 활성화 없이는 절대 해결될 수 없다고 본다. 왜냐하면 대다수의 일자리는 수요충분 재화로 인해 만들어지기 때문이며, 실물경기가 침체된 사회에서는 결코 양질의 일자리는 나올 수 없기 때문이다.

즉, 우선 소비가 되어야, 기업이 투자와 생산을 하기 위해서 일자리가 생긴다는 것이다.

3. 한미 FTA

FTA를 맺게 되면, 관세가 낮아지거나 없어지기 때문에 수요충분 재화의 공급가격이 낮아진다. 미국에서 생산된 자동차를 대표적인 예로 들수 있는데, 비교적 국산자동차보다 성능이 뛰어나고 한국인의 수입차에 대한 동경적 인식을 감안했을 때, 국산 자동차의 판매량은 크게 감소할 수밖에 없을 것 같다. 특히 고급차의 경우, 가격에서 거의 차이가 나지 않을뿐더러, 주요 고객층의 의도수요가격이 높기 때문에, 외산 고급차가 빠르게 시장을 잠식할 것으로 보이며, 만약 외국기업의 저가형 자동차가 서민층을 공략할 경우, 국내기업은 품질로 승부를 볼 수밖에 없을 것이다.

하지만, 정말 중요한 것은 누구의 상품이 많이 팔리고, 덜 팔리고의 문제가 아니라, 양국의 실물경제를 살려보겠다고 맺은 FTA도 결국 가계가 소비하지 않으면, 아무 소용없는 것이다. 지금은 초반이라, 일부 의도수요 가격대가 큰 소비자의 기대가 크겠지만, 그 효과도 잠시 뿐일 것이라고 생각한다. 왜냐하면, 자동차는 수요충분 재화이기 때문에 특히 대기업은 소수의 의도수요가격이 큰 소비자를 주로 상대를 하면, 결코 살아남을 수 없기 때문이다.

우리는 경제문제를 좀 더 근원적으로 살펴볼 필요가 있다. 지금 미국이나 우리나라나 심각한 가계부채와 빈부격차, 저임금, 비정규직 문제로 몸살을 앓고 있다. 그리고 기업의 재정도 어려운 상황이기에 실질임금이 늘어난다는 전망도 하기 힘들다.

경제는 크게 노동, 생산, 투자, 소비로 나눌 수 있는데, 신자유주의는 이 네 가지 중에서 노동과 소비를 무시했다. 공급만 하면 소비가 될 것이라 생각하고 있는 것이다. 하지만, 노동자를 저임금과 유연화로 착취하는 바람에, 실물경기가 완전히 주저앉아 버렸다.

나는 FTA에 대해서 반대하지 않는다. 왜냐하면 자유무역은 어쩔 수 없는 시대적 흐름이기 때문이다. 하지만 그것도 소비를 하는 사람이 있어야만, 가능한 것 아닌가?

소비가 없으면, 결국 공급도 사라지는 것이며, 이에 따라 자유무역도 별 의미가 없는 것이다.

나는 가계재정이 심각하게 훼손된 상황에서, 자동차나 여러 공산품과 같은 수요충분 재화의 전망을 그리 밝게 보지 않는다.

우리는 지금 FTA를 가지고 의견을 대립할 때가 아니라, 경제 대공황에 대해서 진지하게 생각해 볼 필요가 있는 시기이다.

4. 가계부채

우리나라의 가계부채는 이미 1,000조원을 돌파했고, 그 증가속도는 가히 폭발적이다. 그리고 가계부채 중 60% 이상이 부동산담보대출로 인한 것이다. 따라서 사람들은 이렇게 이야기들을 한다. "우리나라 가계부채는 건전하다."고 말이다.

하지만 이런 말들은 부채가 소비에 얼마나 큰 악영향을 미치는지를 과소평가한 것이다. 인간은 항상 소비를 결정할 때, 현재 자신이 유용 가능한 자본을 가지고 결정하지, 높은 자산 가치를 보유하고 있는 것과 는 거의 관련이 없다.

가령, 주말에 쇼핑을 한다고 가정하자. 100만원을 쓸 여유가 있는 사람과 10만원을 쓸 여유가 있는 사람의 소비 형태는 완전히 다를 수 있다.

그리고 한국에는 이런 말이 있지 않은가? "남자는 항상 지갑에 돈이 있어야 한다."고 말이다. 왜 이런 것일까? 여성들이 들으면 기분 상할 지도 모르지만, 지갑에 돈이 있는 남자와 지갑에 돈이 없는 남자의 행동이 다르다는 것이다. 즉, 지갑에 유용할 자본이 많은 남자보다, 지갑에 유용할 자본이 적은 남자는 소비제약에 의해 행동이 크게 위축될 수밖에 없다는 것이다.

따라서 나는 가계가 무엇보다 가용할 돈이 많아야 한다고 생각한다. 왜냐하면, 이것이 소비에 결정적으로 영향을 미치기 때문이다. 가계가 현재 사용할 자금이 없으면, 오늘 먹을 것을 내일 먹고, 오늘 입을 것을 내일 입게 되며, 결국 자본주의는 무너지는 것이다.

따라서 주택담보대출이든 뭐든 간에, 가계가 부채를 가지고 있다는 사실 하나로 소비는 제약을 받게 되며, 결국 그 소비제약에 가장 직접적으로 피해를 보는 경제주체는 바로, 수요충분 재화를 생산하는 기업이다. 그리고 이로 인해, 기업은 매출과 이익이 줄게 되고, 결국 생산비용을 절감하는 유인을 찾게 되고, 그 대상은 종업원이 되는 것이다.

즉, 은행의 무분별한 가계대출이 실물소비를 악화시키고, 기업의 재정을 악화시켜, 결국 노동자들까지 피해를 보게 만드는 것이다. 문제는 이 노동자들의 대부분이 원래 가계대출과 상관없는 사람들이라는 것이다. 즉, 은행의 생산을 무시한 대출이 다수에게 악영향을 미치는 파급효과를 발생시키게 되는 것이다.

그리고 현재 서민의 고금리 대출의 용도가 대부분 생필품을 구입이라는 점도 큰 문제이다. 어쩌면, 이는 당연한 현상으로 가계는 대체로 수요충분 재화를 구입하기 위해서는 부채를 잘 만들지 않기 때문이다. 즉, 이것은 지금의 경제상황이 매우 안 좋다는 것을 방증하는 것이다.

중산층은 무너지고, 수요필요 재화를 소비하는 데 가계부채가 늘어나고, 그 수요필요 재화의 가격은 계속 상승하고, 가계는 낮은 임금을 받으면서, 소득의 대부분을 수요필요 재화에 사용하면, 결국 수요충분 재화를 생산하는 기업은 엄청난 재정적 위기에 빠지게 되는 것이다. 이런 식으로 침체의 경제순환은 더욱 깊어지는 것이다.

그럼 가계부채를 해결하는 방법은 없을까?

솔직히 정부가 가계부채를 탕감하는 것이 경제를 살리는 데 가장 효과적이겠지만, 그것은 모든 가계가 정부에 빚을 지고 있는 때나 가능하지, 다른 경제주체가 채권자일 경우, 현실적으로 매우 어려울 것이다.

그리고 이를 해결하는 방안으로 금리인상을 주장하는 목소리도 들리는데, 지금 경제상황에서 금리인상을 하면 절대 안 된다. 만약 금리를 인상하게 되면, 채무자는 더욱 가난해지기 때문에, 오히려 더 큰 실물소비의 감소를 불러일으키게 되고, 더 나아가 서민 대출자는 더욱 높은 금리에 의해 실질 구매력이 떨어지게 되며, 기업의 재정은 더욱 악화되게 된다. 그리고 이자율을 높인다고 해서, 물가가 낮아진다는 보장도 없다.

왜냐하면, 노동착취로 인해 중산층이 무너진 작금의 가계재정으로는 수요필요 재화를 소비하기에도 빠듯하며, 이자율이 올라가든지 내려가든지 간에 수요필요 재화에 대한 소비에는 아무 영향을 받지 않기 때문이다.

즉, 가계재정이 건전해야 그나마 이자율 정책도 통하는 것이다. 따라서 수요충분 재화의 소비를 포기하는 대가로 주어지는 것이 바로 이자율이다.

그리고 오히려 물가는 소비를 줄이거나, 통화량을 감소시키는 것보다, 경제주체의 의지에 의해 결정된다. 예를 들어, 수요충분 재화의 공급가격을 낮추었는데도 불구하고, 가계의 수요충분 재화에 대한 의도수요가격이 매우 낮게 형성되었다면, 기업은 차라리 공급가격을 낮추는 것을 포기하고, 오히려 소수의 소득이 높은 고객이나, 얼리 어답터, 신혼부부들과 같이 구매계획이 있는 사람들을 상대로 판매하는 것이 더 이익이 될 것이며, 물가는 아무런 영향을 받지 않는다.

또한, 수요필요 재화의 공급가격이 상승하게 되면, 대부분 재화의 물가에 영향을 미치게 되며, 시장에서 화폐의 역할이 가치교환의 수단이라 할지라도, 그 수량이 한정되어 있어서, 양이 부족하거나 종류가 다르다면, 실물가치에 영향을 주게 되므로, 환율에 의해서도 물가가 영향을 받게 된다.

또한, 지금과 같이 투기가 심각하고, 그 투기가치로 대출받은 거품통화가 이미 시중에 넘쳐나고 있으며, 또한 가계재정이 악화된 상황에서는 통화량 정책은 무력할 수밖에 없다.

따라서 내가 생각하기에는, 가계부채는 어떤 정부정책으로 해결될 수 있는 문제가 아니라, 투기를 없애고, 가계의 실질소득을 높여, 점진적으로 해결하는 것이 정답이다.

수요 필요재화

1. 공급증가 자극

앞에서 수요 충분재화를 분석했을 때는, 수요 자극을 위주로 살펴보았고, 이제 수요 필요재화를 분석할 때는 공급 자극을 위주로 살펴보도록 하겠다. 그 이유는 앞에서도 말했지만, 수요 충분재화의 경우는 공급자가 수요자의 행동을 우선시해야 하며, 수요 필요재화에서는 수요자가 공급자의 행동을 우선시해야 하기 때문이다.

이제 수요 필요재화 시장에서 공급증가의 경제 자극이 주어진 경우, 경제 주체의 행위에 대해서 살펴보도록 하자.

수요 필요재화에서의 공급증가 자극으로는 크게 두 가지 경우로 나누어 볼 수 있다. 즉, 수요자가 수요 필요재화를 더 요구하기를 원하는 경우와 공급자가 수요자의 의사와 관계없이 생산을 더 많이 하는 경우가 그것이다.

　전자의 경우는 수요 충분재화를 생산하는 기업이 생산을 더 많이 하기 위해, 수요 필요재화를 더 많이 구입하려는 경우이고, 후자의 경우는 원유 산유국들이 이전보다 생산량을 늘리기로 합의했다든지, 옥수수, 밀, 콩과 같은 곡물의 생산량이 늘어났다든지 하는 경우를 들 수 있다.

　먼저, 전자의 경우에 경제 주체의 경제 행위 변화를 가정해 보면, 수요자가 더 많은 수요를 충족시키기 위해, 공급자가 공급량을 증가시키는 경우로서, 공급자가 이전보다 공급가격을 더 올릴 수도 있고, 아니면 고정시킬 수도 있다.

　하지만 수요 필요재화의 경우 거의 실시간으로 경매를 통해 가격을 결정하므로, 수요량이 늘어나게 되면, 구매 경쟁이 심하기 때문에 수요가격은 크게 오를 것이라 쉽게 짐작할 수가 있다. 이 부분에 대해서는 뒤에서 분석하기로 하고. 우선 여기서는 공급자가 가격을 정하는 경우로 분석해 보겠다.

　그럼, 경제 주체의 행동 변화를 예측해 보면, 의도 수요량이 10에서 12로 증가하고, 의도 수요가격이 20에서 22로 증가하고, 의도 공급가격이 20에서 25로 증가하고, 의도 공급량이 10에서 12로 증가하여, 결국 실제 수량은 12, 실제 가격은 25에 거래가 되었다고 가정하자. 그리고 수요증가로 인해 최소 공급가격은 10에서 15로 증가하고, 최대 수요가격은 30에서 40으로 증가했다고 가정하자.

　그럼. 이 분석과정을 정리하면 다음과 같다.

〈수요자 측면〉

·의도 수요: 22×12=264

·실제 수요: 25×12=300

·수요확장: 300-264=36

·수요자 잉여: -3×12=-36

·자극 전 수요: 20×10=200

·자극 후 매출: 25×12=300

·수요 증가: 300-200=100

〈공급자 측면〉

·의도 매출: 25×12=300

·실제 매출: 25×12=300

·매출 실패: 0

·공급자 잉여: 300-120=180

·자극 전 매출: 20×10=200

·자극 후 매출: 25×12=300

·매출 증가: 300-200=100

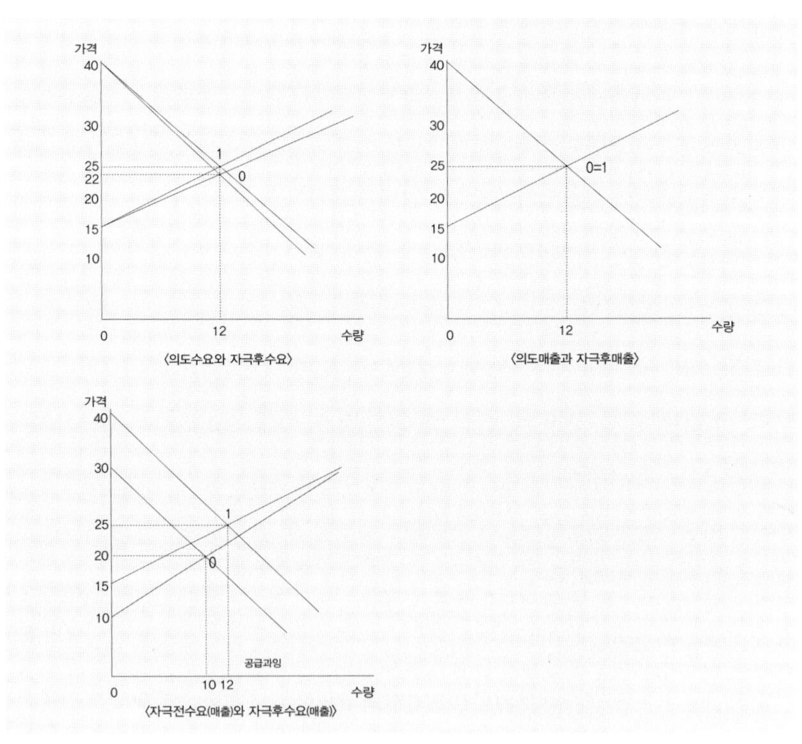

이제 후자의 경우를 살펴보자. 후자의 경우는, 수요자의 의도와는 관계없이 공급량이 늘어났을 때를 의미하므로, 전자와 비교하여 경제 주체가 어떤 행위를 하게 되는지 예측해 보자.

수요 필요재화의 공급량이 많아진다면, 과연 공급가격이 급락하게 될까? 여러분은 어떻게 생각하는가? 아무리 수요 필요재화라도, 공급량이 많으면 가격이 급락할 것이라고 생각할 것이다. 그러나 대부분의 수요 필요재화는 생산지역이 한정적이고, 판매 경쟁이 심하지 않다. 또한 가치저장성이 뛰어나 미래수요가 충분히 확보되고, 소비주기가 비교적 짧고 규칙적이기 때문에 가격이 급등하면 급등했지, 급락할 경우는 거의 존재하지 않는다.

만약 가격이 크게 내려가는 경우가 있다면, 그것은 급등했던 수요 필요재화의 가격에 한한다. 즉, 생산량이 많아도 재고로서의 가치가 떨어지지 않기 때문에, 같은 값이면 서로 구입하려고 할 것이며 가격이 떨어질 리는 없다는 것이다. 따라서 생산량이 많다 하더라도 충분한 수요가 있기 때문에, 공급가격은 이전에 급등했던 가격이 아닌 이상, 떨어질 이유가 없다고 보아야 한다. 오히려 생산량이 조금 증가하더라도 공급가격을 조금 올려 이익을 볼 수 있는 재화이다.

이제 경제 주체의 행동을 가정해 보자. 공급량이 10에서 12로 증가했다고 가정했을 때, 의도 수요가격은 20에서 18로 떨어지고, 의도 수요량은 10에서 12로 증가 했다고 하자. 하지만 공급가격을 이전과 변함없이 20으로 고정시켰음에도 불구하고, 결국 실제 수량 12, 실제 가격 20에 거래가 성립되었다고 하자. 이런 가정을 한 이유는 앞에서도 말했듯이,

공급량이 늘어나서 수요자가 의도 수요가격을 낮추었다고 하더라도, 공급자는 굳이 의도 수요가격과 같은 수준으로 거래할 이유가 없는 것이며, 오히려 공급가격을 이전보다 올리지 않은 것만 하더라도, 수요자 입장에서는 그리 나쁜 거래조건이 아니기 때문이다.

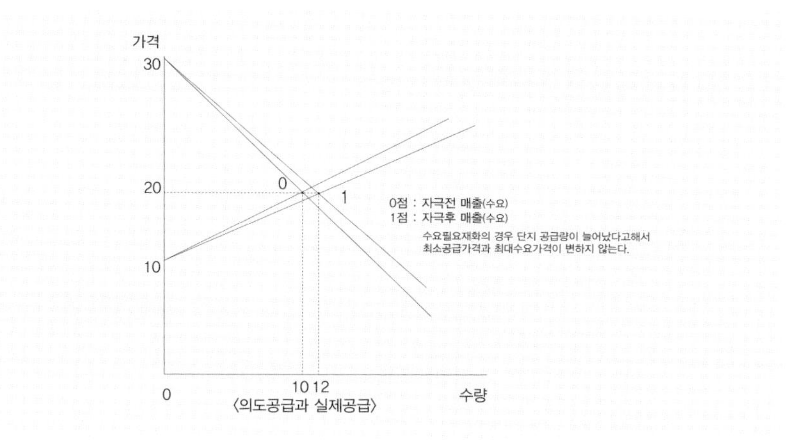

〈수요자 측면〉	〈공급자 측면〉
·의도 수요: 18×12=216	·의도 매출: 20×12=240
·실제 수요: 20×12=240	·실제 매출: 20×12=240
·수요 확장: 240-216=24	·매출 실패: 240-240=0
·수요자 잉여: -2×12=-24	·공급자 잉여: 240-120=120
·자극 전 수요: 20×10=200	·자극 전 매출: 20×10=200
·자극 후 수요: 20×12=240	·자극 후 매출: 20×12=240
·수요 증가: 240-200=40	·매출 증가: 240-200=40

수요 필요재화시장에서 공급증가 자극이 주어진 경우, 먼저 전자의 경우에 수요자는 의도 수요가격보다 높은 가격을 주고서라도 수요 필요 재화를 구입하게 되어 잉여손실을 얻게 되고, 공급자의 경우, 의도 수요 가격보다 높은 공급가격을 책정했음에도 불구하고, 목표한 매출을 달성 하고, 큰 이윤을 남기게 된다.

그리고 현실적인 예를 들어, 요즘 우리나라에서 큰 이슈가 되고 있는 대학등록금 문제를 예로 들어보겠다. 학벌주의가 강한 한국에서 대학 등록금은 강한 수요 필요성을 가지고 있다. 따라서 대학등록금이 매우 높은 수준을 유지한다면, 가계재정은 더욱 악화되는 것은 물론, 그로 인 해 소비가 감소하여, 수요충분 재화를 생산하는 기업에 직접적으로 큰 타격이 돌아가게 된다. 즉, 높은 수준의 대학등록금이 경제를 침체시키 는 요인이 되는 것이다.

그러면, 대학등록금은 어떻게 가격이 급상승 할 수 있었을까? 그것은 바로 수요필요재화이기 때문이다. 즉, 대학에서 등록금을 아무리 많이 올리더라도, 학생들이 수요해야하는 재화이기 때문이다. 그리고 이런 현 상은 선호도와 인지도가 높은 대학에 집중되고 있다. 즉, 학생들이 선호 할수록, 대학등록금의 수요 필요성은 더욱 강해지고, 이로 인해 등록금 의 인상 폭이 더욱 커지게 되는 것이다.

또한, 오늘날 한국사회에서 심각하게 대두되고 있는 것이 보편적 복지 문제이다. 지금 많은 국민들은 보편적 복지에 찬성하고 있으나, 작금의 한국의 경제사정을 감안해 볼 때 시기상조가 아닌가 싶다. 왜냐하면, 재 원마련을 어떻게 할 것인가가 가장 중요한 관건이며, 결국 조세의 항목을 늘리든지, 아니면 세율을 높여서 대응해야 하는데, 조세 증가는 가계의 가처분 소득을 감소시키고, 기업의 고정비용을 상승시켜, 소비를 감소시키고 물가를 상승시키는 유인으로 작용하기 때문이다. 이는 가뜩이나 침체해 있는 경기를 더욱 침체시키는 결과를 초래하게 된다,

그리고 보편적 복지의 장점이라면, 가계의 수요필요 재화의 소비에 대한 비용을 줄인다는 것인데, 문제는 복지라는 것은 공공성을 요구하기 때문에, 의료나 교육, 급식 등과 같은 분야로 제한되며, 실제로 수요필요 재화의 공급가격이 상승하게 되면, 가계의 재정적 어려움은 여전할 것이다.

따라서 지금은 보편적 복지보다는 선택적 복지를 강화하면서, 일단 경제 시스템을 개혁하는 데 먼저 힘을 쏟아야 할 것 같다.

그리고 다시 본론으로 들어가서 후자의 경우, 수요자는 비록 의도 수요가격보다 공급가격이 높더라도, 늘어난 공급량을 모두 요구하게 되며, 이로 인해 공급자는 큰 이윤을 획득하게 된다. 그리고 수요자의 경우도 비록 잉여 손실을 보게 되었지만, 과거와 같은 가격 수준으로 더 많은 물량을 확보했으므로, 만족한 거래를 했다고 볼 수 있다.

2. 공급감소 자극

앞에서 논의한 공급증가 자극은 경제 전체적으로 수요와 매출의 크기를 늘려, 긍정적인 영향을 많이 주게 된다. 하지만 그와는 정반대로 경제위기와 직결되는 것이 바로 수요 필요재화의 공급감소 자극이다.

우리는 과거 오일쇼크를 통해서 공급자가 생산량을 줄이게 되면, 경제에 어떠한 부정적 파급효과가 일어나는지 잘 알고 있다. 뿐만 아니라, 흉년으로 인해 곡물가가 폭등하는 경우나, 우리나라에서 구제역으로 인해 돼지고기 값이 폭등하는 경우를 많이 보았을 것이다. 즉, 수요 필요재화에 공급감소 자극이 주어지면, 공급가격 폭등으로 이어진다.

따라서 이를 바탕으로 경제 주체들의 행동 변화를 예측해 보면, 공급량이 10에서 7로 감소하였을 때, 의도 공급가격은 20에서 28로 상승하고, 의도 수요량은 10으로 고정되어 있고, 의도 수요가격은 20에서 22로 상승했다고 할 때, 결국 실제 가격은 28, 실제 수량은 7에 거래가 성립되었다고 가정하자. 그리고 최소 공급가격은 10에서 15로 상승하고, 최대 수요가격은 30에서 35로 상승했다고 가정하자.

이 가정을 정리하면 다음과 같다.

〈수요자 측면〉

- 의도 수요: 22×10=220
- 실제 수요: 28×7=196
- 수요 실패: 220-196=24
- 수요자 잉여: -6×7=-42
- 자극 전 수요: 20×10=200
- 자극 후 수요: 28×7=196
- 수요 감소: 200-196=4

〈공급자 측면〉

- 의도 매출: 28×7=196
- 실제 매출: 28×7=196
- 매출 실패: 0
- 공급자잉여: 196-70=126
- 자극 전 매출: 20×10=200
- 자극 후 매출: 28×7=196
- 매출 감소: 200-196=4

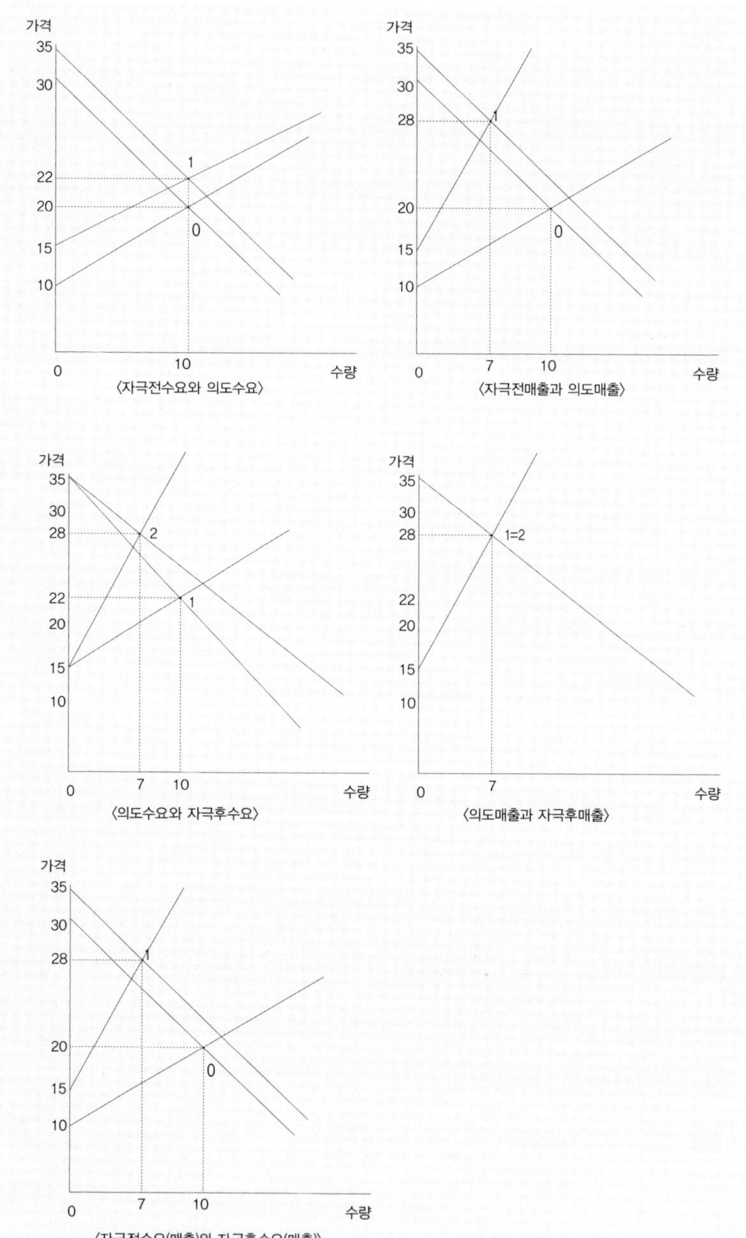

가격
수량
〈자극전수요와 의도수요〉
가격
수량
〈자극전매출과 의도매출〉
가격
수량
〈의도수요와 자극후수요〉
가격
수량
〈의도매출과 자극후매출〉
가격
수량
〈자극전수요(매출)와 자극후수요(매출)〉

수요 필요재화에 공급감소 자극이 일어나면, 수요자의 경우, 수요 실패와 큰 잉여손실을 보게 되고, 공급자의 경우는, 큰 잉여 이익을 얻게 된다. 하지만 중요한 문제는 이런 현상이 일시적이 아니라 오랫동안 지속된다면, 수요 필요재화를 소비하여 수요 충분재화를 생산하는 기업들에게는 생산비용 부담이 크게 늘어나, 제품의 공급가격을 상승시켜야 하는 압력을 받게 된다는 점이다. 그리고 수요 충분재화의 공급가격이 상승하게 되면, 판매량이 급감하게 되고, 기업은 엄청난 재고처리 비용의 부담과 큰 매출 실패를 겪게 되어, 차후 생산 계획에 큰 차질이 발생하고, 생산비용을 절감해야 하는 압력을 받게 되는데, 이때 종업원의 임금삭감, 대량해고, 비정규직 확대, 납품단가 인하 등의 행태가 발생하고 또한 이러한 악순환이 되풀이된다.

결국 이런 현상들이 지속되면, 애초에 수요 필요재화를 생산했던 생산국까지 타격을 입게 된다. 따라서 수요 필요재화에 대한 공급감소 자극이 오랜 기간 지속될 경우에는 수요자이든, 공급자이든 모두 큰 피해를 볼 수밖에 없다.

가격 적응이란?

주로 수요 필요재화에서 나타나는 경제 현상으로서, 경제 주체는 가격이 오를 경우, 처음에는 큰 거부감을 느끼지만, 시간이 지날수록, 거부감은 둔화되어, 결국 높은 가격 수준으로 적응하는 현상을 '가격 적응'이라 한다.

즉, 수요 필요재화의 공급감소 자극 등으로 인해 가격이 오를 경우, 그 상승한 가격이 수요자에게 적응되어, 이후에도 큰 거부감 없이 높은 가격 수준으로 유지되는 것을 말한다. 예를 들어, 원유, 육류, 곡물과 같은 재화를 들 수 있다.

가격적응에 대해서 분석하기 위해 다음과 같이 가정할 수 있다.

수요필요 재화에 대해 흉년이나 질병으로 인해 생산량이 감소하는 공급감소 자극이 가해져 가격이 급등하면, 가격적응 현상이 일어나게 된다. 먼저 자극 전의 가정은 앞의 예와 같이 실제가격은 20, 실제수량은 10, 최소공급가격은 10, 최대수요가격은 30, 단위당 생산비용은 10으로 동일하게 가정하도록 하자.

① 초기

수요필요 재화에 대해 공급감소 자극이 주어진 경우, 공급가격이 폭등하게 되면, 수요자 입장에서는 처음엔 큰 거부감을 느끼게 되어 소비를 크게 줄이게 된다.

이에 따라 공급가격이 20에서 30으로 높아졌고, 공급량이 10에서 7로 감소하였으나, 수요자의 큰 거부반응으로 인해 실제가격은 30, 실제수량은 5에서 거래가 성립되었다고 가정하자. 보통 수요 필요성이 약한 재화의 소비가 크게 감소하며, 원유나 금속, 곡물과 같은 수요 필요성이 강한 재화는 가격이 폭등해도 소비를 크게 줄일 수 없다(단, 최소공급가격은 10에서 15로 상승하고, 최대수요가격은 35로 상승하였다고 가정하자. 그리고 단위당 생산비용과 의도수요량과 의도수요가격은 자극 전과 동일하다고 가정하자).

<수요자측면>

· 의도수요: 20×10=200

· 실제수요: 30×5=150

· 수요실패: 200-150=50

· 수요자 잉여: -10×5=-50

· 자극 전 수요: 20×10=200

· 자극 후 수요: 30×5=150

· 수요감소: 200-150=50

<공급자측면>

· 의도매출: 30×7=210

· 실제매출: 30×5=150

· 매출실패: 210-150=60

· 공급자 잉여: 150-70=80

· 자극 전 매출: 20×10=200

· 자극 후 매출: 30×5=150

· 매출감소: 200-150=50

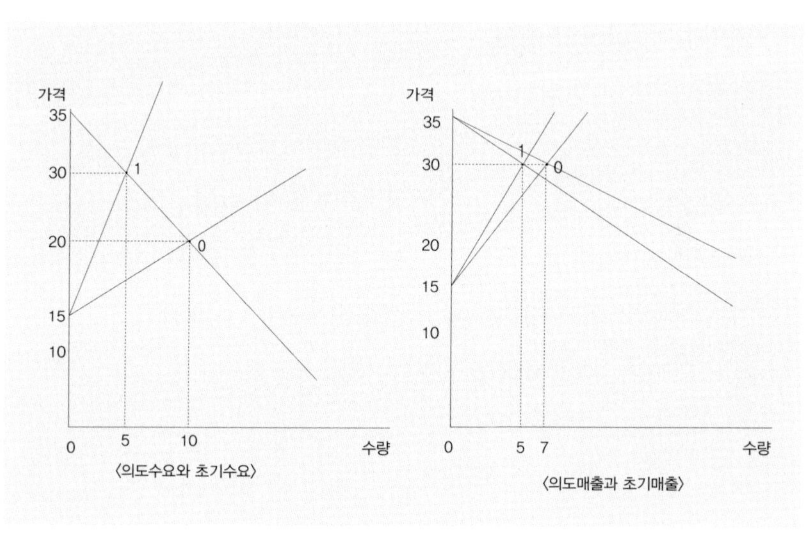

② 중기

처음에는 거부감이 컸으나, 시간이 지나면서 거부감은 점차 해소되기 시작한다. 따라서 중기가 되면, 의도공급가격은 그대로이고, 공급량은 초기의 재고물량(2)과 중기의 공급량(7)을 더한 9가 된다. 그리고 의도수요가격은 거부감이 작아짐에 따라 20에서 25로 상승하고, 의도수요량은 초기에 소비하지 못한 양을 감안하여 12로 가정하자(단위당 생산비용은 12로 증가하고, 최소공급가격은 20, 최대수요가격은 40으로 상승했다고 가정하자). 그리고 실제가격은 30, 실제수량은 9에 거래가 성립되었다고 가정하자.

<수요자측면>

· 의도수요: 25×12=300

· 실제수요: 30×9=270

· 수요실패: 300-270=30

· 수요자 잉여: -5×9=-45

· 초기수요: 30×5=150

· 중기수요: 30×9=270

· 수요증가: 270-150=120

<공급자측면>

· 의도매출: 30×9=270

· 실제매출: 30×9=270

· 매출실패: 0

· 공급자잉여: 270-108=162

· 초기매출: 30×5=150

· 중기매출: 30×9=270

· 매출증가: 270-150=120

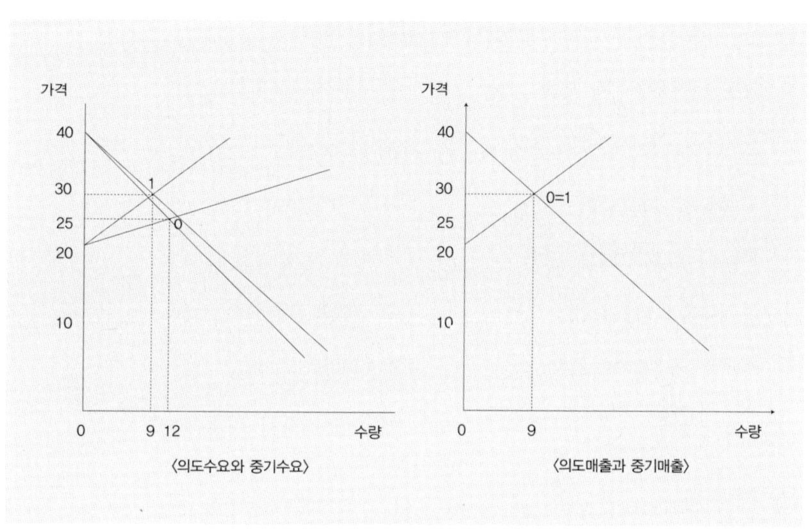

③ 후기

후기에는 공급감소 자극이 사라졌음에도 불구하고, 높은 가격이 유지된다. 따라서 공급자는 공급가격을 30에서 35로 증가시키고(중기에 공급가격이 30일 때, 모두 소비가 되었으므로 중기의 공급가격을 유지할 이유가 없다), 공급량은 자극 전 수준으로 돌아왔다. 의도 수요량은 중기에서 요구하지 못한 양을 고려하여 12로 가정하고, 의도수요 가격은 중기와 동일하다고 가정하자.

따라서 실제가격은 35, 실제수량은 10에서 거래가 성립되었다고 한다면, 다음과 같이 나타낼 수 있다(단위당 생산비용은 14로 증가하고, 최소공급가격은 25, 최대수요가격은 45가 되었다고 가정하자).

〈수요자측면〉

·의도수요: 30×12=360

·실제수요: 35×10=350

·수요실패: 360-350=10

·수요자 잉여: -5×10=-50

·중기수요: 30×9=270

·후기수요: 35×10=350

·수요증가: 350-270=80

〈공급자측면〉

·의도매출: 35×10=350

·실제매출: 35×10=350

·매출실패: 0

·공급자 잉여: 350-140=210

·중기매출: 30×9=270

·후기매출: 35×10=350

·매출증가: 350-270=80

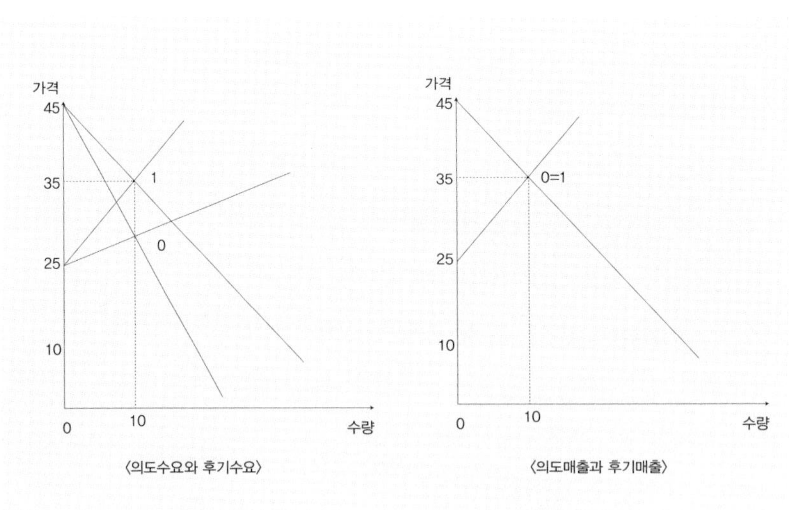

〈의도수요와 후기수요〉   〈의도매출과 후기매출〉

3. 민영화

나는 수요필요성이 강한 재화에 대해서 민영화하는 것에는 회의적이다. 왜냐하면, 이 재화들은 민영화가 되어, 공급가격이 상승할 경우, 가계나 기업에게 엄청난 재정적 부담을 주기 때문이다.

예를 들어 의료, 교통, 수도, 전기, 가스, 석유등의 재화의 공급가격이 민영화로 인해 상승하게 되면, 가계는 가격이 오른 수요필요재화로 인해, 수요충분재화의 소비를 줄이게 된다. 또한 가계의 수요충분재화에 대한 소비감소는 기업의 의도이윤과 의도매출에 악영향을 미쳐, 큰 재정적 위기에 처하게 되고, 기업은 생산비용을 감소시키기 위해, 임금을 삭감하고, 고용을 줄이는 방법으로 대응하게 된다. 또한 수요필요재화의 공급가격상승은 이를 원료로 하는 다른 재화의 공급가격까지 상승시키기 때문에, 경기를 더욱더 침체시키게 된다.

나는 자본주의는 주어진 자본으로 최대의 생산과 소비를 창출하는 것이라 생각한다. 따라서 최대의 생산과 소비의 걸림돌이 되는 논리와 제도는 모두 잘못되었다고 생각한다. 즉, 노동과 소비를 무시하는 신자유주의는 가장 반자본주의적인 시장 논리이다.

이는 자본주의 시장경제를 더욱 신속하게 무너뜨리고 있으며, 결국 신자유주의로 인해 모든 경제주체는 다시 대공황을 겪게 될 것이다. 자본주의는 자본을 관리하고 통제하는데서 최대의 생산성을 창출하는 것이지, 무분별하게 자본을 확장하고, 가치를 만들고 결정하는 것은 자본주의 경제 상태가 아니라, 홉스가 말하는 무질서한 약육강식의 '만인의 만인에 대한 투쟁 상태' 일 뿐이다.

그리고 민영화를 주장하는 사람들은 국유화는 무조건 비효율적이라고 말을 한다. 하지만 그것도 재화의 특성마다 다른 것이다. 수요필요재화는 효율 따위를 따지는 재화가 아니라, 관리와 통제를 해야 하는 재화이다. 그리고 수요필요재화를 민영화로 바꿔, 공급가격이 올라가면 더 큰 비효율을 초래한다. 따라서 비록 민영화를 한다하더라도 정부가 가격통제를 엄격하게 한다면 모르지만, 그게 아니라면 심각한 경제문제를 일으키게 된다.

앞에서도 말했지만, 수요충분재화의 가격이 올라가는 것과 수요필요재화의 가격이 올라가는 것은, 사회경제적으로 미치는 파급효과 자체가 틀리다.

왜냐하면, 수요충분재화는 비싸다면 안사면 그만이지만, 수요필요재화는 비싸도 소비해야 하기 때문이다. 이런 것들이 쌓여, 지금 자본주의 시장 경제체제가 몰락의 길을 걷고 있는 것이다. 앞에서 언급한 대학등록금문제도 학교가 마음대로 가격을 올리게 해서는 안 되며, 반드시 통제를 가하여야 한다.

제4장

담합 시장

가격담합

1. 수요 충분재화

나는 재화시장은 크게 두 가지 시장, 즉 담합이 없는 시장과 담합이 있는 시장으로 나뉜다고 생각한다. 현실적으로 재화시장에서 나타날 수 있는 형태는 주류경제학이 분류하고 있는 완전경쟁, 독과점이 아니라, 담합을 하느냐, 아니면 담합을 하지 않느냐로 나뉜다고 보기 때문이다. 그리고 담합은 공급가격 담합, 공급량을 담합, 공급가격과 공급량 모두에 대한 담합으로 분류할 수 있다고 생각한다.

가격담합이란 공급자가 수요자의 경제 행위와 상관없이, 공급가격을 의도 수요가격보다 상승시키는 행위를 의미한다. 즉, 수요자의 수요량에 구애받지 않고, 공급자들이 자신의 상품 가격을 의도 수요가격보다 높은 수준에 고정시키는 경제행위로서, 가격담합이 이루어지면 수요직선은 고정된 공급가격 수준에서 수평이 된다.

그러면, 먼저 수요 충분재화의 경우, 공급자가 가격담합을 실행에 옮기면, 어떠한 경제 현상이 일어나는지 알아보자(담합 전 수요공급 직선에 대한 가정은 편의상 제3장의 가정대로 사용하겠다).

이어서 각 경제 주체들의 경제 행위의 변화를 가정해보겠다. 공급자들이 공급가격을 수요와 관계없이 25로 상승시키는 가격담합을 실행했을 경우, 공급량은 10, 수요량도 10, 수요가격은 20으로 변함이 없다고 한다면, 결국 수요 충분재화의 경우, 공급가격이 수요가격보다 높을 경우, 수요량이 크게 감소하게 되므로, 실제 가격은 25, 실제 수량은 5로 감소한다고 가정할 수 있다.

이제 이 경제 행위의 가정을 정리하면 다음과 같다.

〈수요자 측면〉	〈공급자 측면〉
·의도 수요: 20×10=200	·의도 매출: 25×10=250
·실제 수요: 25×5=125	·실제 매출: 25×5=125
·수요 실패: 200-125=75	·매출 실패: 250-125=125
·수요자 잉여: -5×5=-25	·공급자 잉여: 125-150=-25
·담합 전 수요: 20×10=200	·담합 전 매출: 20×10=200
·담합 후 수요: 25×5=125	·담합 후 매출: 25×5=125
·수요 감소: 200-125=75	·매출 감소: 200-125=75

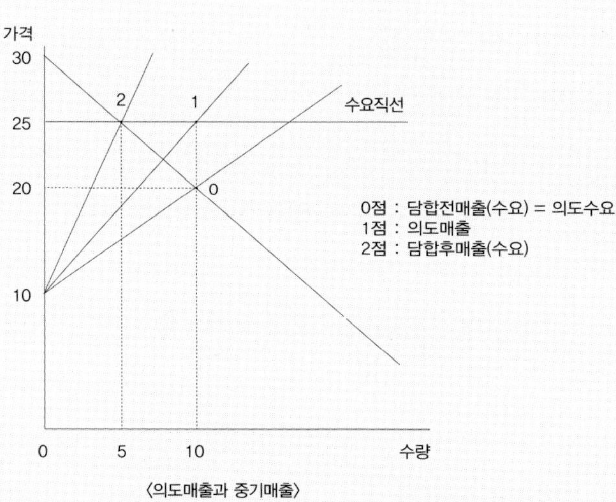

〈의도매출과 중기매출〉

만약 25에서 판매가 저조할 경우, 가격을 좀 더 내려서 담합을 하면 아래와 같을 것이다.

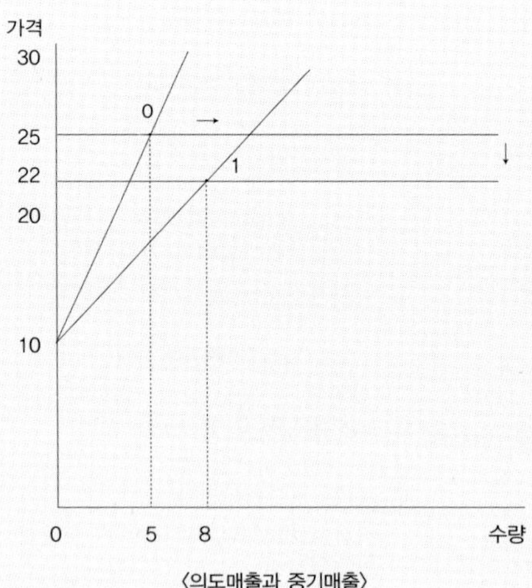

〈의도매출과 중기매출〉

수요 충분재화의 경우, 공급자가 가격담합을 통해 공급가격을 상승시키게 되면, 수요자의 수요량이 크게 감소하여, 수요자의 경우, 큰 수요 실패와 잉여 손실을 입게 되고, 공급자의 경우에도 큰 매출 실패와 잉여 손실을 입게 된다.

따라서 공급자가 수요 충분재화에 대해서 가격담합을 실행하게 되면, 사회 전체적으로 물가만 상승하고 수요량은 줄어들어 수요자나 공급자 모두 큰 피해를 볼 뿐만 아니라, 소비를 감소시켜 경기 침체의 원인이 된다.

2. 수요 필요재화

수요 필요재화의 경우, 공급자가 공급가격을 담합하게 되면, 어떠한 경제적 결과가 나타나는지 예측해 보자.

만약 공급자가 공급가격을 20에서 25로 담합하고, 나머지는 자극 전과 모두 동일하다면, 즉 공급량 10, 수요가격 20, 수요량 10에서, 결국 실제 수량 10, 실제 가격 25에 거래가 성립되었다면, 다음과 같이 정리할 수 있다.

〈수요자 측면〉

· 의도 수요: 20×10=200

· 실제 수요: 25×10=250

· 수요 확장: 250-200=50

〈공급자 측면〉

· 의도 매출: 25×10=250

· 실제 매출: 25×10=250

· 매출 실패: 0

·수요자 잉여: -5×10=-50   ·공급자 잉여: 250-100=150

·담합 전 수요: 20×10=200   ·담합 전 매출: 20×10=200

·담합 후 수요: 25×10=250   ·담합 후 매출: 25×10=250

·수요 증가: 250-200=50   ·매출 증가: 250-200=50

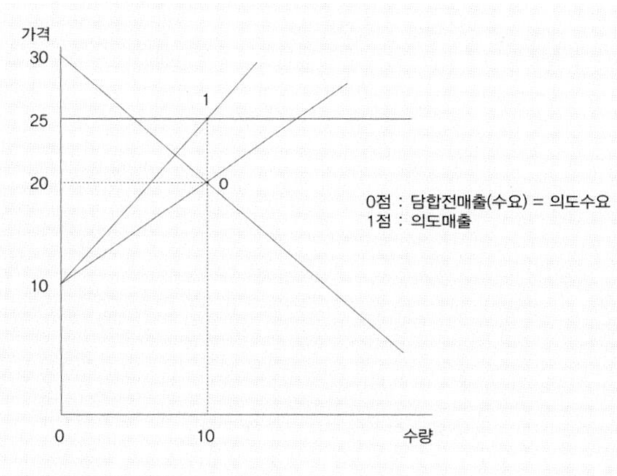

만약 좀 더 이윤을 얻고 싶다면, 공급가격을 높여 담합을 할 것이다.

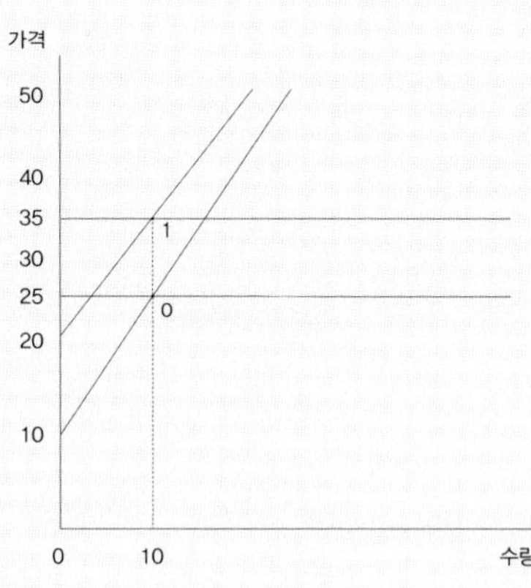

수요 필요재화의 경우, 공급자가 공급가격을 담합하게 되면, 수요자의 경우, 큰 잉여 손실을 입게 되고, 공급자는 큰 잉여이익를 얻게 된다. 그리고 사회 전체적으로 수요량은 그대로이나 물가만 상승하게 되어, 가계의 재정은 더욱 악화되고, 소비감소로 인한 경기침체는 더욱 심각해진다.

또한, 수요 필요재화의 공급가격이 상승할 경우, 그 자체로도 물가상승의 요인이 될 뿐더러, 그것을 재료나 부품으로 하는 수요 충분재화의 공급가격까지 상승시켜, 사회 전체적으로 물가상승의 부담은 더욱 커지게 된다.

생산담합

1. 수요 충분재화

생산담합이란, 수요자의 수요가격과 상관없이, 공급자가 공급량을 감소시키거나 올리는 담합행위를 말한다. 따라서 공급직선은 담합한 공급량에서 수직이 된다(현실적으로 수요 충분재화에 대한 생산담합은 실행하기도 불가능할 뿐더러, 실행한다하더라도 공급자에게 이익이 되지 않기 때문에 사실상 논의의 필요성은 없다고 본다). 보통 공급자가 공급량을 담합하는 행위는 공급량을 감소시켜, 상품의 가격을 높게 받기 위해 실행하게 된다. 따라서 공급량을 감소시키는 경우만을 살펴보기로 하자.

만약, 수요 충분재화를 생산하는 기업이 공급량을 10에서 8로 감소시키는 생산담합을 하고, 공급가격을 20에서 25로 올렸다면, 어떠한 경제적 결과가 발생하는지 알아보자. 물론 수요자의 수요량과 수요가격은

10과 20으로 고정인 상태이고, 결국 실제 가격은 25, 실제 수량은 5에서 거래가 성립되었다고 가정한다면, 다음과 같이 나타낼 수 있다.

⟨수요자 측면⟩

· 의도 수요: 20×10=200

· 실제 수요: 25×5=125

· 수요 실패: 200-125=75

· 수요자 잉여: -5×5=-25

· 담합 전 수요:20×10=200

· 담합 후 수요: 25×5=125

· 수요 감소: 200-125=75

⟨공급자 측면⟩

· 의도 매출: 25×8=200

· 실제 매출: 25×5=125

· 매출 실패: 200-125=75

· 공급자 잉여: 125-120=5

· 담합 전 매출: 20×10=200

· 담합 후 매출: 25×5=125

· 매출 감소: 200-125=75

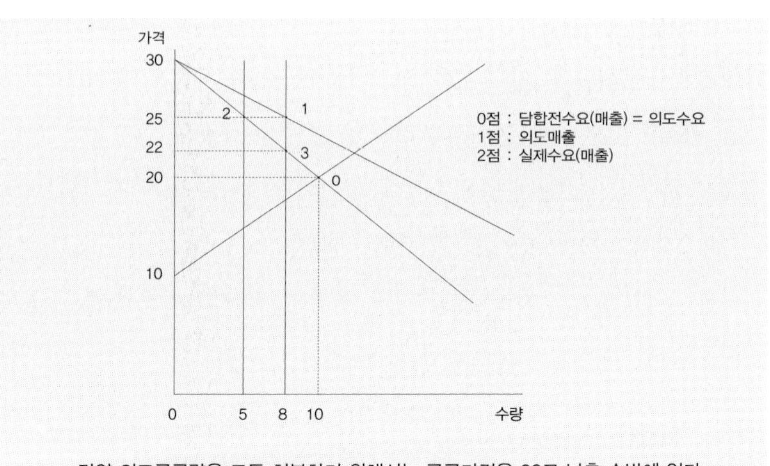

만약 의도공급량을 모두 처분하기 위해서는 공급가격을 22로 낮출 수밖에 없다. 따라서 수요충분재화를 생산하는 공급자가 생산담합을 하는 것은 의미가 없다고 보아야 하며, 오히려 큰 손실을 보게 된다.

수요 충분재화의 경우, 공급자가 생산담합을 하게 되면, 수요자의 경우 잉여 손실과 수요 실패가 발생하고, 공급자의 경우에는 위의 분석 가정상 약간의 이윤을 얻었지만(사실 앞에서 논의한 가격담합 때보다, 공급 과잉이 작기 때문이며, 담합 전보다 잉여가 크게 줄었으므로 좋은 상황이 아니다), 큰 매출 실패를 얻게 되며, 사회 전체적으로도 매출과 수요가 크게 감소하여 물가만 상승시켜 경기를 침체시킨다.

2. 수요 필요재화

수요 필요재화를 생산하는 공급자가 공급량을 줄이는 담합을 하는 경우, 어떠한 경제적 결과가 나타나는지 살펴보자.

수요 필요재화의 경우는 보통 공급가격이 경매방식을 통해 결정되므로, 공급가격을 담합할 필요까지는 없으나, 담합한다 하더라도 충분히 담합가격을 받을 수 있다. 여기서 경매방식으로 가격을 결정하는 수요 필요재화의 경우, 재화는 구매 경쟁이 강하기 때문에, 공급자가 담합가격을 정하는 것 보다는 구매자들의 경매시장에서의 투기 심리를 기대하는 것이 훨씬 이익이 될 수 있다.

예를 들어, 과거 오일 쇼크의 경우, 원유 산유국들이 공급량을 줄임으로써 가격이 단기간에 폭등한 사례를 보면 알 것이다.

따라서 이번에는 가격을 정하는 경우와 경매를 통한 거래방식을 간략히 살펴보도록 하겠다. 수요 필요재화의 생산담합시 경제 주체들의 행위를 가정해 보면, 공급자가 공급량을 10에서 8로 줄이는 생산담합을

한 후, 공급가격을 20에서 25로 올렸을 경우, 결국 실제 가격은 25, 실제
수량은 8에 거래가 성립되었다고 할 때 다음과 같이 나타낼 수 있다.

〈수요자 측면〉

·의도 수요: 20×10=200

·실제 수요: 25×8=200

·수요 실패: 0

·수요자 잉여: -5×8=-40

·담합 전 수요: 20×10=200

·담합 후 수요: 25×8=200

·수요 증가: 0

〈공급자 측면〉

·의도 매출: 25×8=200

·실제 매출: 25×8=200

·매출 실패: 0

·공급자 잉여: 200-80=120

·담합 전 매출: 20×10=200

·담합 후 매출: 25×8=200

·매출 증가: 0

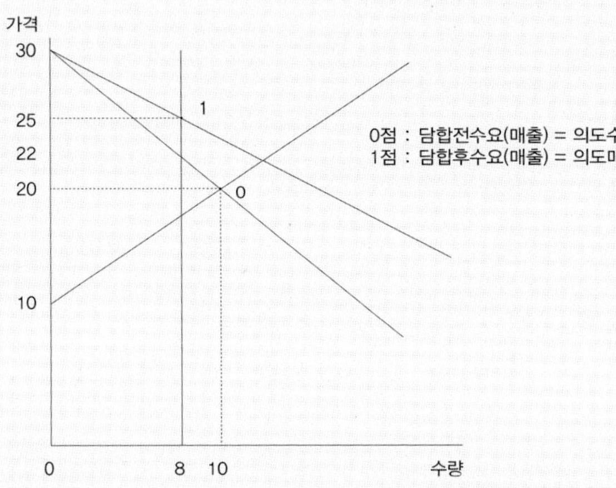

만약 가격을 정하지 않고, 경매 방식으로 거래를 했다면 다음과 같이 예상할 수 있다.

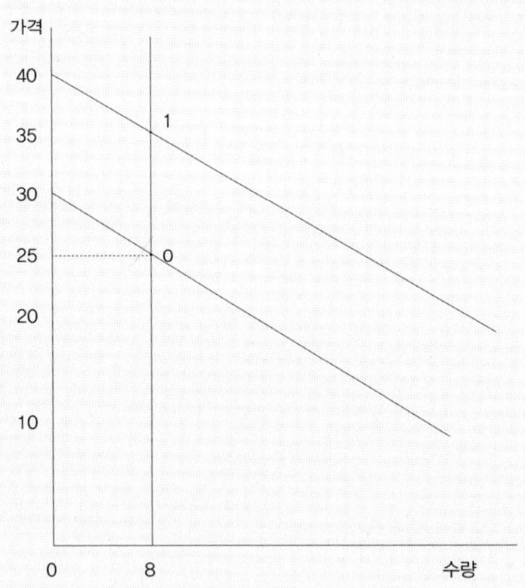

수요필요재화를 공급하는 공급자는 공급량을 줄이는 담합을 했을 경우,
경매시장에서의 구매 경쟁으로 인해 수요가격은 크게 상승하게 된다.

　수요 필요재화의 경우, 생산담합을 하게 되면, 수요자의 경우에는 큰 잉여 손실이 발생하게 되고, 공급자의 경우에는 큰 잉여 이익을 얻게 된다. 그리고 공급가격을 굳이 정하는 것보다는 경매를 통해, 수요자의 구매경쟁을 통한 투기 심리에 의해서 공급자는 더욱 큰 이익을 얻게 된다는 것도 알 수 있었다.

　하지만, 공급자의 이익이 커지면 커질수록 수요자의 잉여 손실도 커지기 때문에, 결국 이와 같은 현상이 지속될 경우, 수요자의 재정이 악화되어 수요국의 물가상승에 따른 경기침체가 일어나게 되며, 이로 인해 수요 필요재화의 수요량도 감소하게 되어, 공급자에게도 피해가 가게 된다.

완전담합

1. 수요 충분재화

완전담합은 앞에서 언급한, 가격담합과 생산담합을 합친 경제 행위로서, 공급자가 수요자의 경제 행위와는 상관없이, 공급가격과 공급량을 자유롭게 정하는 담합행위를 의미한다. 따라서 수요직선은 수평, 공급직선은 수직이 되며, 최대 수요가격과 최소 공급가격이라는 의미가 적용되지 않는다.

그럼, 먼저 수요 충분재화의 경우, 공급자가 수요를 무시하는 완전담합을 실행했을 경우에 대해서 살펴보자.

만약, 공급자가 공급량을 10에서 8로 감소시키고, 공급가격을 20에서 25로 증가시키는 완전담합을 했을 경우, 결국 실제 가격은 25, 실제 수량은 5가 성립될 것이라고 가정할 수 있으며, 다음과 같이 나타낼 수 있다.

〈수요자 측면〉

·의도 수요: 20×10=200

·실제 수요: 25×5=125

·수요 실패: 200-125=75

·수요자 잉여: -5×5=-25

·담합 전 수요: 20×10=200

·담합 후 수요: 25×5=125

·수요 감소: 200-125=75

〈공급자 측면〉

·의도 매출: 25×8=200

·실제 매출: 25×5=125

·매출 실패: 200-125=75

·공급자 잉여: 125-120=5

·담합 전 매출: 20×10=200

·담합 후 매출: 25×5=125

·매출 감소: 200-125=75

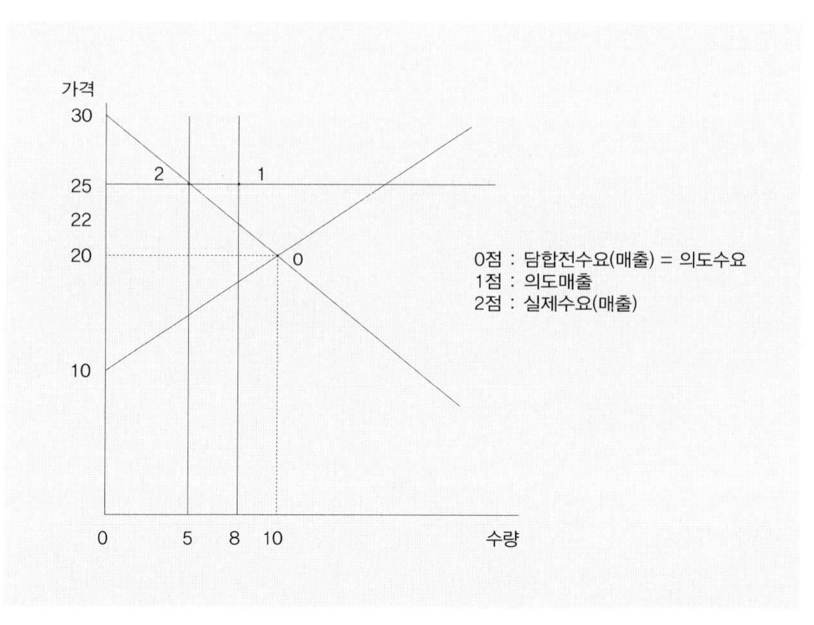

수요 충분재화의 경우에, 완전담합을 하게 되면, 사회 전체적으로 수요(매출)가 감소하고 수요자의 경우, 큰 수요 실패와 잉여 손실을 보게 된다. 또한 공급자의 경우도, 큰 매출 실패에 직면하게 되며, 큰 잉여 손실을 입게 된다.

따라서 현실적으로 앞에서 논의한 생산담합과 같이 완전담합은 수요 충분재화를 생산하는 공급자에게는 발생하지 않으며, 만약 발생하더라도 금방 와해되어 버린다.

2. 수요 필요재화

수요 필요재화의 경우 공급가격을 올리고 공급량을 줄이는 경우는 이익을 크게 남길 것이라는 걸 쉽게 짐작할 수 있다. 하지만 만약 공급량을 늘리고 공급가격을 올리는 완전담합을 할 경우, 과연 어떻게 예상할 수 있겠는가?

앞에서 계속 가정하기를, 수요 필요재화도 분석의 편의를 위해 자극 전이나 담합 전과 같은 경우, 실제 수량을 기준으로 판단했지만, 수요 필요재화의 경우, 대부분 의도 수요량이 공급량보다 크다고 볼 수 있다. 즉, 현실적으로 실제 수량이 10이라도 의도 수요량은 그것보다 많은 재화가 수요 필요재화인 것이다.

따라서 지금 분석하려는 공급량을 늘리고 공급가격을 올리는 완전담합의 경우도 가장 중요한 것은 의도 수요량인 것이다.

이제 공급자가 완전담합을 실행했을 때를 가정하여, 경제 행위를 예상해 보겠다. 공급자가 공급량을 10에서 12로 늘리고, 공급가격을 20에서 25로 상승시키는 완전담합을 했을 경우, 의도 수요량이 15이고, 수요 가격이 20이라면, 결국 실제 수량 12, 실제 가격 25에 거래가 성립되게 된다.

〈수요자 측면〉	〈공급자 측면〉
·의도 수요: 20×15=30	·의도 매출: 25×12=300
·실제 수요: 25×12=30	·실제 매출: 25×12=300
·수요 실패: 0	·매출 실패: 0
·수요자 잉여: -5×12=-60	·공급자 잉여: 300-120=180
·담합 전 수요: 20×10=200	·담합 전 매출: 20×10=200
·담합 후 수요: 25×12=300	·담합 후 매출: 25×12=300
·수요 증가: 300-200=100	·매출 증가: 300-200=100

수요 필요재화의 경우, 완전 담합이 일어나게 되면, 사회 전체적으로 수요(매출)가 증가하게 되지만, 물가상승으로 인해, 수요자의 경우 큰 잉여 손실을 입게 된다. 그리고 공급자의 경우, 의도한 매출을 달성하는 동시에 큰 잉여 이익을 얻게 된다.

하지만 수요 필요재화를 생산하는 공급자가 완전담합을 하게 되면, 큰 이익을 보게 되나, 정말 명심해야 할 것은 목전의 이익에 눈이 어두워 불공정한 경제 행위를 해서는 안 된다는 것이다.

이제까지 수요 충분재화와 수요 필요재화의 담합에 대한 분석해 보았다. 수요 충분재화의 경우, 공급자가 단기 수익을 추구하는 행동을 할 때, 수요자는 물론 자신 또한 엄청난 피해를 보게 되며, 수요 필요재화의 경우, 공급자가 단기수익을 추구하기 위해 담합행위를 하면, 큰 이익을 얻을 수 있으나 그로 인해 수요자는 큰 잉여 손실을 입게 되고, 결국 수요자의 재정이 악화되면서, 수요 필요재화에 대한 소비가 감소하게 되어, 자신도 큰 피해를 입게 된다.

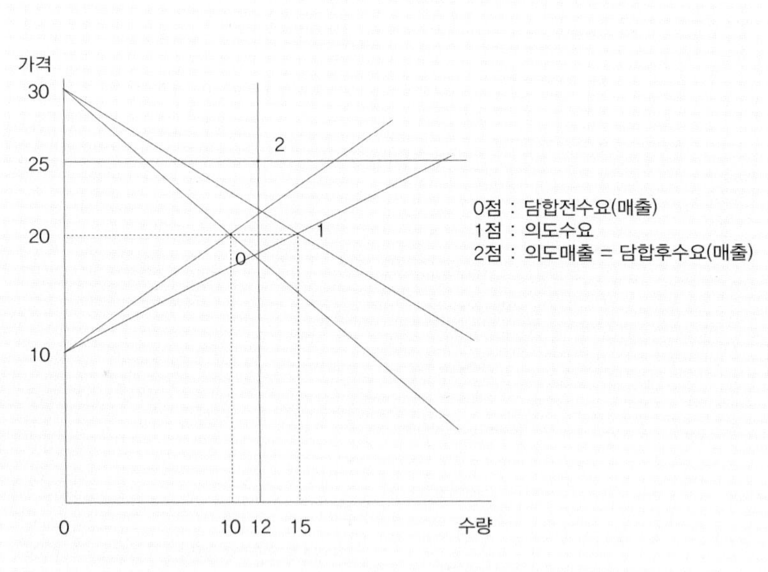

제5장

노동
시장

착취적 노동시장

1. 노동수요 증가 자극

나는 노동시장을 착취적 노동시장과 생산적 노동시장으로 분류한다.

먼저, 착취적 노동시장이란, 오늘날과 같이 저임금, 고실업 상태의 노동시장을 의미하며, 큰 임금격차, 낮은 평균임금 수준, 심각한 실업률 등으로 인해 대략적으로 노동에 대한 의도 수요량보다 의도 공급량이 많아, 낮은 수요가격으로도 의도 수요량을 달성할 수 있는 노동시장을 의미한다.

이제, 이 착취적 노동시장에서 노동수요 증가 자극이 주어졌을 경우, 경제 주체의 행동은 어떻게 이루어지는지 살펴보도록 하자(분석의 편의를 위해, 수요공급 직선에 대한 가정은 앞에서 논의한 재화시장과 동일하게 하고 평균임금과 격차를 고려하여, 최소 공급가격은 착취적 노동시장에서는 10으로, 생산적 노동시장에서는 15로 가정하자).

만약에 착취적 노동시장에서 노동수요 증가 자극이 주어졌을 경우, 의도 노동수요량이 10에서 12로 증가하고, 의도 노동수요 가격은 20에서 22로 증가하고, 의도 노동공급량은 10에서 15로 증가하고, 의도 노동공급 가격은 20에서 25로 증가했다고 가정하여, 결국 실제 고용량은 12, 실제 임금은 22에서 결정이 되었다면, 왜 이런 경제 주체의 행동 변화가 일어났겠는가(고실업, 저임금의 노동시장에서는 수요증가자극이 주어지더라도, 최대 수요가격과 최소 공급가격이 크게 올라가지 않기 때문에 최대 수요가격은 30에서 32로 증가하였고, 최소 공급가격은 10에서 12로 상승했다고 가정하자).

그 이유는 바로, 저임금, 고실업 상태에서는 노동 수요량이 증가했을 때, 노동 공급가격과 노동 공급량은 크게 증가하지만, 노동 수요량과 노동 수요가격은 대체로 그 수준보다 낮게 증가하기 때문이다. 즉, 임금이 낮고 실업자가 많은 착취적 노동시장에서는 수요자 입장에서 굳이 높은 수요가격을 제시할 필요가 없다는 것이다.

이 분석 과정의 결과를 나타내면 다음과 같다.

〈수요자 측면: 기업〉	〈공급자 측면: 가계〉
·의도 수요: 22×12=264	·의도 공급: 25×15=375
·실제 수요: 22×12=264	·실제 공급: 22×12=264
·수요 실패: 0	·공급 실패: 375-264=111
·수요자 잉여: 0	·공급자 잉여: -3×12=-36
·자극 전 수요: 20×10=200	·자극 전 공급: 20×10=200

·자극 후 수요: 22×12=2 　　　　·자극 후 공급: 22×12=264

·수요 증가: 264-200=64 　　　　·공급 증가: 264-200=64

그러나 노동 수요증가 자극에도 불구하고, 수요자가 의도 수요가격을 이전 수준과 똑같이 고정시켰을 경우 의도 수요량이 10에서 12로 증가하고, 의도 수요가격은 20으로 변함없으며 의도 공급량은 10에서 14로 증가하고, 의도 공급가격은 20에서 25로 증가했다고 가정할 때, 결국 실제 고용량은 12가 되고 실제 임금은 20이 성립되었다면, 다음과 같이 나타낼 수 있다.

〈수요자 측면〉 　　　　　　　　〈공급자 측면〉

·의도 수요: 20×12=240 　　　　·의도 공급: 25×14=350

·실제 수요: 20×12=240 　　　　·실제 공급: 20×12=240

·수요 실패: 0 　　　　　　　　·공급 실패: 350-240=110

·수요자 잉여: 0 　　　　　　　·공급자 잉여: -5×12=-60

·자극 전 수요: 20×10=200 　　　·자극 전 공급: 20×10=200

·자극 후 수요: 20×12=240 　　　·자극 후 공급: 20×12=240

·수요 증가: 240-200=40 　　　　·공급 증가: 240-200=40

만약, 노동수요 증가 자극에도 불구하고, 수요자가 의도 수요가격을 이전보다 하락시켰을 경우 의도 수요량이 10에서 12, 의도 수요가격은 20에서 18로 하락하였으며, 의도 공급량은 10에서 12로 증가하고, 의도 공급가격은 20에서 25로 증가한다고 가정하여, 결국 실제 고용량 12, 실제 임금 18에 고용이 결정되었다면, 다음과 같이 정리할 수 있다(고실업 저임금 상태이므로 빈부격차도 크고 평균임금보다 임금 수준이 낮아도 충분한 노동력이 확보되기 때문에 의도 수요량은 달성하게 된다).

〈수요자 측면〉	〈공급자 측면〉
·의도 수요: 18×12=216	·의도 공급: 25×12=300
·실제 수요: 18×12=216	·실제 공급: 18×12=216
·수요 실패: 0	·공급 실패: 300-216=84
·수요자 잉여: 0	·공급자 잉여: -7×12=-84
·자극 전 수요: 20×10=200	·자극 전 공급: 20×10=200
·자극 후 수요: 18×12=216	·자극 후 공급: 18×12=216
·수요 증가: 216-200=16	·공급 증가: 216-200=16

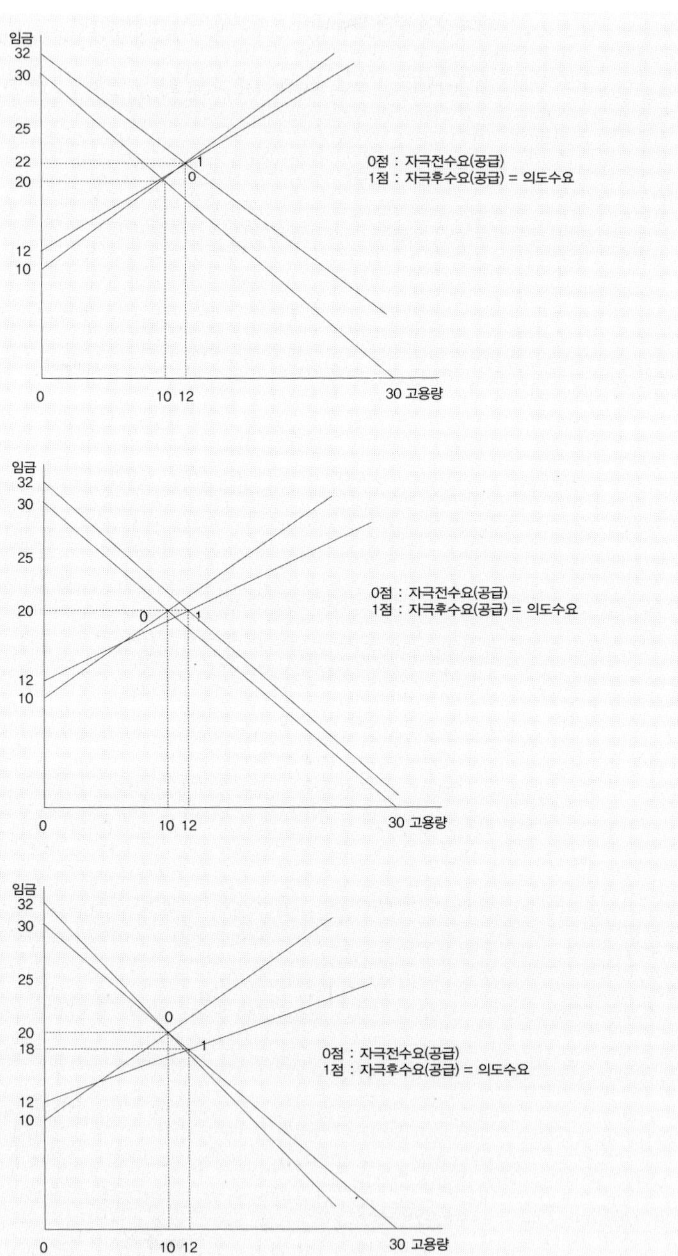

임금
32
30
25
22
20
12
10
1
0
0점 : 자극전수요(공급)
1점 : 자극후수요(공급) = 의도수요
0
10 12
30 고용량
임금
32
30
25
20
12
10
0
1
0점 : 자극전수요(공급)
1점 : 자극후수요(공급) = 의도수요
0
10 12
30 고용량
임금
32
30
25
20
18
12
10
0
1
0점 : 자극전수요(공급)
1점 : 자극후수요(공급) = 의도수요
0
10 12
30 고용량

저임금, 고실업의 착취적 노동시장의 경우, 노동수요 증가 자극이 주어
진 경우, 수요자는 낮은 수요가격으로도 의도한 수요량을 달성할 수 있
지만, 공급자의 경우, 큰 공급 실패와 잉여 손실을 보게 된다. 그리고 임
금 수준이 낮을수록 잉여 손실이 더욱 늘어나게 된다. 하지만 사회 전체
적으로 수요(공급)증가가 발생하게 되어, 소비를 더욱 증가시키게 된다.
그리고 의도수요 가격이 높을수록, 보다 많은 수요(공급)가 발생하여, 경
기를 더욱 활성화시킬 수 있다. 따라서 착취적 노동시장에서 노동수요
증가 자극이 발생하는 것만으로도 경제에 도움이 된다고 볼 수 있다.

상대적 박탈감이란?

빈부격차가 큰 사회에서는, 노동자는 상대적 박탈감에 의해 자신의 의도공급가격보
다 낮은 수준의 수요가격을 제시하는 기업에는 노동력을 공급하고자 하지 않는다.
특히 교육에 많은 비용을 지출하였다든지, 과거 임금수준이 높아 높은 삶의 질을 누
렸거나, 그런 삶을 추구하는 사람이 많을 수록 상대적 박탈감은 더욱 심하게 나타난
다. 특히 중.소기업의 경우, 회사 재정상태가 좋지 않아 직업안정성이 낮고, 높은 수
요가격을 제시하지 못할 경우, 자국민을 고용하지 못하고 의도공급가격이 낮은 외국
인 노동자를 주로 고용하게 된다.
이로인해, 자국 실업률은 더욱 상승하게 되고, 의도공급가격이 높은(특히 고비용을
교육에 지출한)많은 사람들이 일자리를 자발적으로 포기하게 된다. 따라서 이를 대
략적으로 수치화해서 나타내보면 다음과 같다.
만약 높은 공급가격을 의도하는 노동자의 경제행위를 의도공급가격 25, 의도공급량
15라고 가정하고 이에 반해 재정상태가 좋지 않은 기업의 수요가격을 20, 의도 수요
량을 12라고 한다면, 결국 실제 임금 20, 실제 노동량 5에 고용이 성립되게 되고, 나
머지 수요부족량은 의도공급가격이 낮은 외국인 노동자를 고용하게 된다.

2. 노동수요 감소자극

착취적 노동시장의 경우, 노동수요가 감소하는 자극이 발생하게 되면, 다음과 같이 예측해 볼 수 있다. 노동수요 감소자극으로 인해 수요량이 10에서 8로 감소하고, 수요가격이 20에서 18로 하락하더라도, 의도 공급량은 10에서 12로 늘어날 것이며, 의도 공급가격은 20에서 25로 증가할 것이다. 결국 실제 임금은 18, 실제 고용량은 8이 될 것이라고 예상할 수 있다. 이것을 정리하면 다음과 같다.

〈수요자 측면〉

- 의도 수요: 18×8=144
- 실제 수요: 18×8=144
- 수요 실패: 0
- 수요자 잉여: 0
- 자극 전 수요: 20×10=200
- 자극 후 수요: 18×8=144
- 수요 감소: 200-144=56

〈공급자 측면〉

- 의도 공급: 25×12=300
- 실제 공급: 18×8=144
- 공급 실패: 300-144=156
- 공급자 잉여: -7×8=-56
- 자극 전 공급: 20×10=200
- 자극 후 공급: 18×8=144
- 공급 감소: 200-144=56

착취적 노동시장에서 노동수요 감소자극이 일어날 경우, 수요자의 경우는 의도한 임금 수준과 고용 수준을 달성하지만, 공급자의 경우 큰 공급 실패와 잉여 손실을 입게 된다. 그리고 사회 전체적으로 노동수요(공급)가 감소하여, 경기를 침체시키는 작용을 하게 된다.

생산적 노동시장

1. 노동수요 증가자극

생산적 노동시장이란 고임금, 저실업 상태의 노동시장으로서 평균임금 수준이 높고, 임금 격차가 작으며, 실업률이 낮은 시장을 말한다. 또한 의도 수요량이 의도 공급량보다 많고, 수요가격이 공급가격보다 낮을 경우, 의도 수요량을 달성하기 힘든 노동시장을 의미한다. 그러면, 생산적 노동시장에서 노동수요 증가 자극이 주어졌을 경우, 경제 주체의 행위의 변화를 가정해 보도록 하자.

노동 수요량이 10에서 12로 증가하고, 노동 공급가격이 20에서 25로 증가하고, 노동 수요가격은 20에서 22로 증가하고, 노동 공급량이 10으로 변화가 없고 실제 임금은 22, 실제 고용량은 7에서 고용이 성립되었다고 가정하자.

그러면 왜 이런 결과가 나오는 것일까? 고임금, 저실업의 생산적 노동 시장에서는 공급자의 경우, 수요가격이 의도 공급가격보다 낮을 경우, 자신이 원하는 임금 수준의 일자리가 많으므로 굳이 취업할 이유가 없기 때문이다. 위 가정을 정리하면 다음과 같다(최대 수요가격은 30에서 35로, 최소 공급가격은 15에서 20으로 상승했다고 가정하자).

〈수요자 측면〉

- 의도 수요: 22×12=264

- 실제 수요: 22×7=154

- 수요 실패: 264-154=110

- 수요자 잉여: 0

- 자극 전 수요: 20×10=200

- 자극 후 수요: 22×7=154

- 수요 감소: 200-14=46

〈공급자 측면〉

- 의도 공급: 25×10=250

- 실제 공급: 22×7=154

- 공급 실패: 250-154=96

- 공급자 잉여:-3×7=-21

- 자극 전 공급: 20×10=200

- 자극 후 공급: 22×7=154

- 공급 감소: 200-154=46

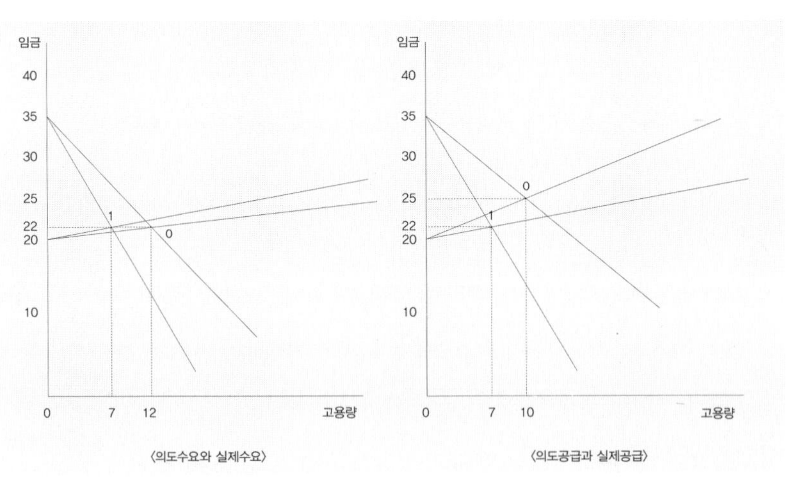

〈의도수요와 실제수요〉　　　　〈의도공급과 실제공급〉

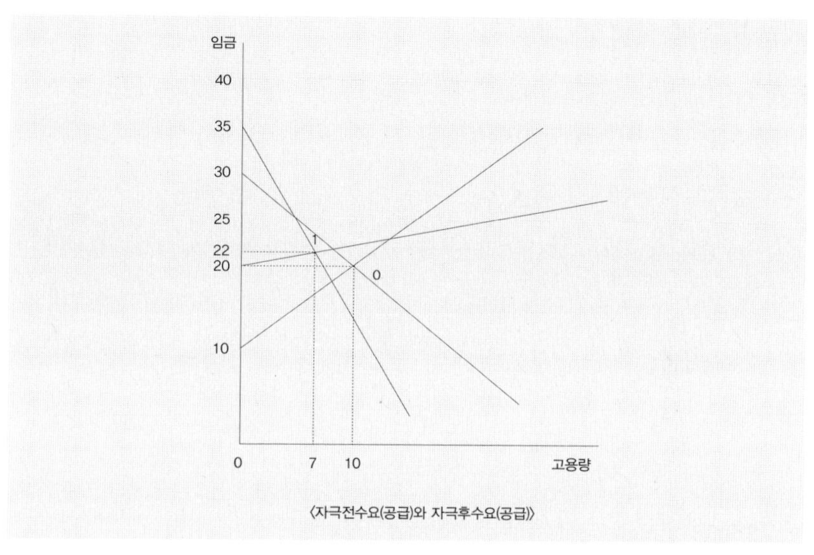

〈자극전수요(공급)와 자극후수요(공급)〉

　생산적 노동시장에서 수요증가 자극이 주어졌을 때, 수요자는 공급가격보다 낮은 수요가격을 책정했을 경우, 큰 수요 실패를 얻게 되고, 공급자는 공급 실패와 잉여 손실을 입게 된다. 또한 사회 전체적으로 수요와 공급이 감소하여 경기를 침체시킨다.

　그리고 무엇보다도 중요한 것은 수요자의 수요 실패가 매우 크다는 것이다. 앞에서 논의했던 재화시장에서는 공급자의 매출 실패가 차후 의도한 생산 계획에 막대한 차질을 초래한다고 하여, 매우 경계해야 한다고 말한 적이 있었다. 그리고 지금 노동시장에서는 기업에게 의도 수요량 부족의 노동수요 실패가 일어날 경우에 재화시장에서의 매출 실패와 더불어, 기업의 의도 생산계획에 큰 차질을 빚게 된다.

　따라서 이와 같은 피해를 막기 위해서는 수요자가 생산적 노동시장에서 공급자의 공급가격을 제대로 파악해야할 필요가 있다.

2. 노동수요 감소자극

생산적 노동시장에서 노동수요를 감소시키는 자극이 주어진 경우, 다음과 같이 예측해 볼 수 있다. 만약 노동수요 감소자극으로 인해 수요자는 수요량을 10에서 8로 감소시키고, 수요가격을 20에서 18로 내렸으며, 공급자는 공급가격과 공급량을 각각 20과 10으로 고정시켰다면 결국 실제 임금은 18, 실제 고용량은 5에서 고용이 성립될 것이라 가정할 수 있다.

〈수요자측면〉

- 의도 수요: 18×8=144
- 실제 수요: 18×5=90
- 수요 실패: 144-90=54
- 수요자 잉여: 0
- 자극 전 수요: 20×10=200
- 자극 후 수요: 18×5=90
- 수요 감소: 200-90=110

〈공급자측면〉

- 의도 공급: 20×10=200
- 실제 공급: 18×5=90
- 공급 실패: 200-90=110
- 공급자 잉여: -2×5=-10
- 자극 전 공급: 20×10=200
- 자극 후 공급: 18×5=90
- 공급 감소: 200-90=110

생산적 노동시장에서 수요 감소자극이 주어진 경우, 수요자가 수요가격을 공급가격보다 감소시켰을 경우, 수요량 감소로 인해 큰 수요 실패를 겪게 되고, 공급자도 큰 공급 실패와 잉여 손실을 보게 된다. 그리고 사회 전체적으로 노동에 대한 수요와 공급이 크게 감소하여, 소비와 생산을 위축시킴으로써 경제위기가 발생하게 된다.

따라서 이와 같은 피해를 막기 위해서는 노동수요 감소자극이 주어진다하더라도, 생산적 노동시장에서는 수요자가 함부로 노동수요 가격을 내려서는 안 된다.

최저임금제와 노동유연화

1. 최저임금제

앞에서는 노동시장별로 경제 주체의 행동을 중심으로 분석하였으나, 이번에는 제도를 바탕으로 분석해 보도록 하자.

현재, 임금과 고용에 관련된 시스템으로서 대표적인 것이 바로 최저임금제와 노동유연화 시스템이다.

최저임금제는 말 그대로, 임금의 하한선을 그어, 그 이하로 임금을 책정하는 것을 금지시키는 시스템이고, 노동유연화는 대표적인 신자유주의 경제논리를 대변하는 시스템으로서, 기업은 주주의 이익을 위해 행동해야 하며, 수익성 향상을 위해 생산비용을 절감하는 방법으로 기업에게 임금 책정과 고용과 해고에 대한 재량을 확대하는 의미를 가지고 있다. 그럼, 이런 시스템들이 실제 우리 사회에 끼친 영향이 무엇인지 살펴보도록 하자.

먼저, 최저임금제에 대해서 살펴보면, 최저임금을 어느 수준으로 정하느냐가 가장 중요한 문제일 것이다. 따라서 최저임금이 평균임금과 격차가 크냐, 크지 않느냐에 따라 어떠한 경제적 결과가 나타나는지 살펴보도록 하자.

1) 낮은 수준의 최저임금제(착취적 최저임금제)

먼저 임금 수준이 낮아 최저임금이 평균임금과 격차가 큰 경우에 대해서 살펴보겠다. 만약 생산적 노동시장에서 평균임금과 격차가 큰 최저임금제가 시행되면, 어떠한 경제적 결과가 나타나는지 알아보자.

① 시스템 정착 초기

먼저 시스템 정착 초기에는, 기업은 낮은 임금으로 인한 공급량의 감소를 염려하여 수요가격을 크게 낮추지는 않는다. 그리고 이전보다 임금 수준이 하락했으므로 수요량을 늘리고자 할 것이다. 그럼 다음과 같이 예상할 수 있다.

수요가격은 20에서 18로 감소하고, 수요량은 10에서 12로 증가하며, 공급가격은 20, 공급량은 10으로 각각 변함없다고 할 때, 결국 실제 고용량이 8, 실제 임금이 18이 성립된다고 가정하자(최대 수요가격은 30에서 28로 조금 하락했고, 최소 공급가격은 15로 변함없다고 가정하자).

〈수요자 측면〉

·의도 수요: 18×12=216

·실제 수요: 18×8=144

·수요 실패: 216-144=72

·수요자 잉여: 0

·제도 전 수요: 20×10=200

·제도 후 수요: 18×8=144

·수요 감소: 200-144=56

〈공급자 측면〉

·의도 공급: 20×10=200

·실제 공급: 18×8=144

·공급 실패: 200-144=56

·공급자 잉여: -2×8=-16

·제도 전 공급: 20×10=200

·제도 후 공급: 18×8=144

·공급 감소: 200-144=56

따라서 수요자의 경우, 큰 수요 실패를 겪게 되고, 공급자의 경우 잉여 손실과 공급실패를 겪게 된다. 이로 인해, 가계 재정은 악화되고, 특히 임금 수준이 낮아져 수요 충분재화에 대한 소비가 감소하고, 기업 또한 큰 수요 실패로 인해 향후 생산계획에 큰 차질을 초래하게 되고, 수요 충분재화에 대한 소비감소로 인해 생산비용을 절감해야 하는 유인이 커지므로, 이전보다 최저임금제를 더 적극적으로 활용하기 시작한다.

〈시행초기〉

임금
30
28
20
18
15
10
1
0
0
8 12
고용량
〈의도수요와 실제수요〉
임금
30
28
20
18
15
10
0
1
0
8 10
고용량
〈의도공급과 실제공급〉
임금
30
28
20
18
15
10
0
1
0
8 10
고용량
〈제도전수요(공급)와 제도후수요(공급)〉

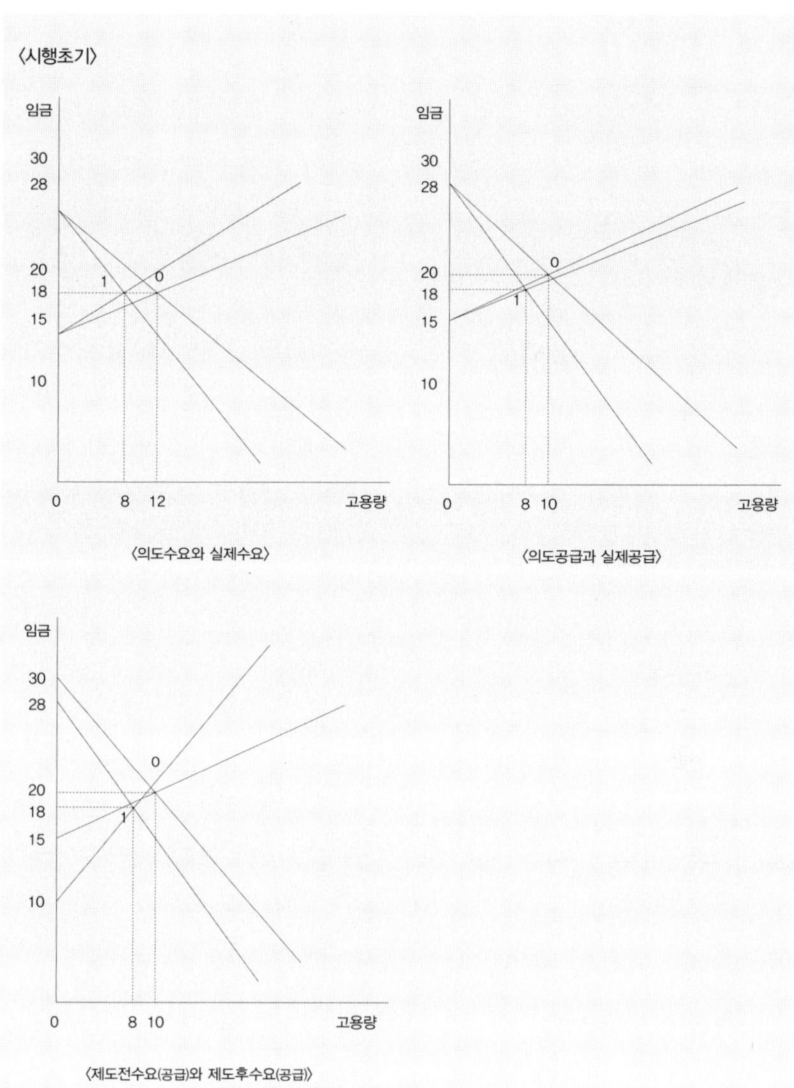

② 시스템 정착기

시스템 정착기가 되면, 기업은 악화된 재정을 회복하기 위해 이전보다 수요가격을 더 낮추고 수요량을 감소시키며, 가계의 경우 이전의 임금 수준보다 낮더라도, 재정악화를 극복하기 위해 시스템 초기의 실제임금 수준에서 만족하고 공급량을 다시 늘린다.

즉, 수요가격은 18에서 15로 하락하고, 수요량은 8에서 6으로 감소하며, 공급가격은 20에서 18로 하락하고, 공급량은 8에서 12로 증가하여, 결국 실제 임금은 15, 실제 고용량은 6이 성립되었다고 가정하자(최대 수요가격은 28에서 25로 감소하고, 최소 공급가격은 15에서 13으로 감소했다고 가정하자).

〈수요자 측면〉	〈공급자 측면〉
·의도 수요: 15×6=90	·의도 공급: 18×12=216
·실제 수요: 15×6=90	·실제 공급: 15×6=90
·수요 실패: 0	·공급 실패: 216-90=126
·수요자 잉여: 0	·공급자 잉여: -3×6=-18
·정착 초기 수요: 18×8=144	·정착 초기 공급: 18×8=144
·정착기 수요: 15×6=90	·정착기 공급: 15×6=90
·수요 감소: 144-90=54	·공급 감소: 144-90=54

따라서 시스템 정착기에 들어서면, 공급자의 경우 큰 공급 실패와 잉여 손실을 보게 되고, 이전보다 더 낮은 임금 수준으로 인해 수요 충분재화

에 대한 수요가 더욱 감소하여, 기업의 재정은 더욱 악화되고, 이로 인해 임금 수준을 더욱 낮추고, 수요량을 더욱 감소시키게 된다.

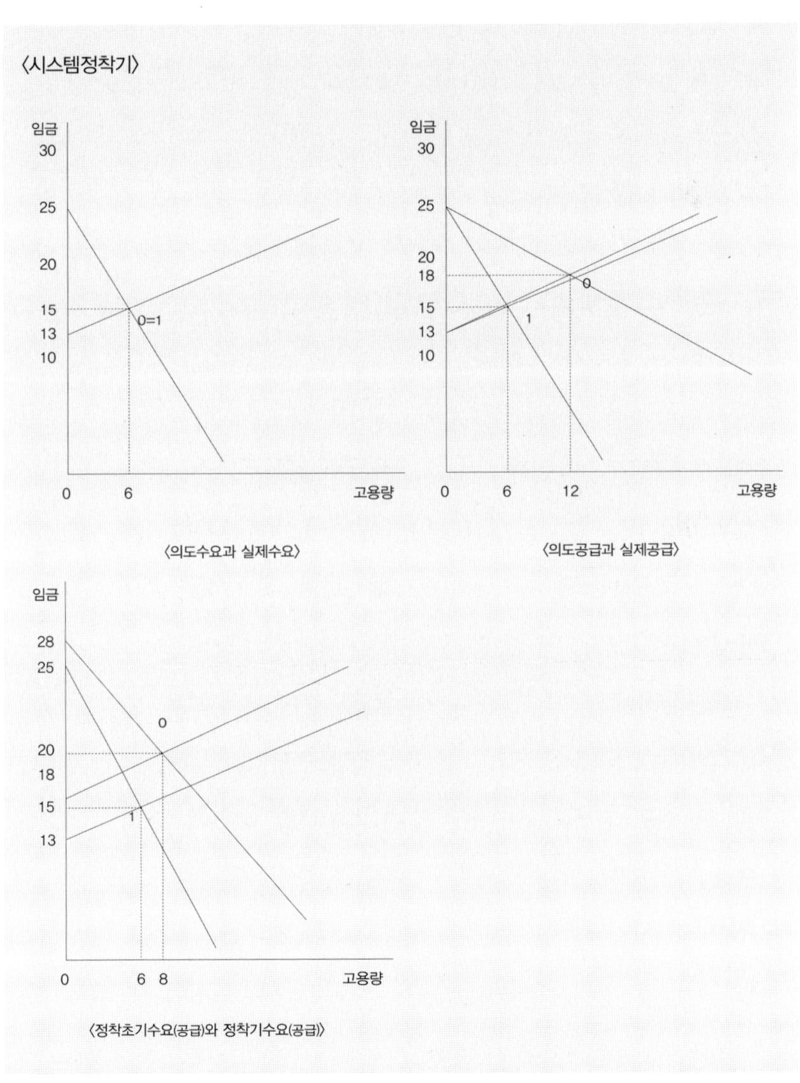

③ 시스템 활성기

시스템 활성기가 되면, 기업은 악화된 재정을 회복하기 위해, 이전보다 수요가격과 수요량을 더욱 낮추게 된다. 그리고 가계는 재정악화로 인해 낮은 임금 수준에 승복하고, 이제까지 부족했던 공급량을 모두 쏟는다.

즉, 수요가격은 15에서 12로 감소하고, 수요량도 6에서 5로 낮아지고, 공급가격은 18에서 15로 낮아지고, 공급량은 8에서 16으로 상승하게 되어, 결국 실제 임금은 12가 되고 실제 고용량은 5가 성립하게 된다(최대 수요가격은 25에서 20으로 낮아지고, 최소 공급가격은 13에서 10으로 낮아졌다고 가정하자).

〈수요자 측면〉

· 의도 수요: 12×5=60

· 실제 수요: 12×5=60

· 수요 실패: 0

· 수요자 잉여: 0

· 정착기 수요: 15×6=90

· 활성기 수요: 12×5=60

· 수요 감소: 90-60=30

〈공급자 측면〉

· 의도 공급: 15×16=240

· 실제 공급: 12×5=60

· 공급 실패: 240-60=180

· 공급자 잉여: -3×5=-15

· 정착기 공급: 15×6=90

· 활성기 공급: 12×5=60

· 공급 감소: 90-60=30

위의 분석을 정리하면, 평균임금과 격차가 큰 최저임금제를 시행할 경우, 제도 정착초기에는, 기업이 노동자의 반대를 염려하여, 소극적인 행동을 하지만, 노동자의 재정이 악화되고 수요 충분재화에 대한 소비가 감소하면 기업은 최저임금제를 그 이전보다 더 적극적으로 활용하기 시작한다. 그리고 이런 악순환이 계속되면서, 결국 착취적 최저임금제로 인해 생산적 노동시장은 착취적 노동시장으로 변하게 된다.

따라서 평균임금과 격차가 큰 낮은 수준의 최저 임금제는 멀쩡한 경제사회도 피폐하게 만든다.

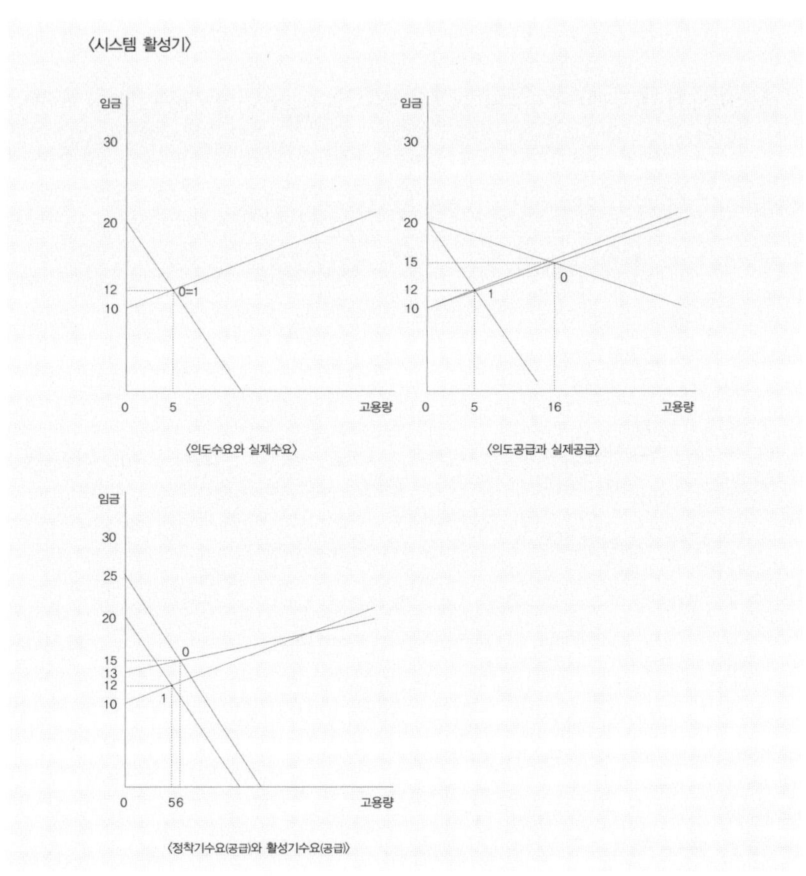

2) 높은 수준의 최저임금제(생산적 최저임금제)

① 시스템 정착 초기

만약 평균 임금과 격차가 작은, 높은 수준의 최저임금제가 착취적 노동시장에 실행된다면, 어떠한 경제적 현상이 나타날지 예상해 보자. 먼저, 시스템 정착 초기에 높은 수준의 최저임금제가 시행되면, 수요자의 수요가격이 크게 오르게 된다. 이에 수요자는 큰 불만을 가지게 되며, 이로 인해 수요량을 줄여 버린다.

즉, 공급가격이 20에서 25로 상승하고, 공급량이 10에서 15로 증가하지만, 수요가격은 20, 수요량은 10으로 각각 변함이 없다고 가정하자. 따라서 결국 실제 임금 25, 실제 고용량 8이 성립되었다면, 다음과 같이 나타낼 수 있다(최대 수요가격은 30에서 35로 증가하고, 최소 공급가격은 10에서 15로 증가했다고 가정하자).

〈수요자 측면〉	〈공급자 측면〉
·의도 수요: 20×10=200	·의도 공급: 25×15=375
·실제 수요: 25×8=200	·실제 공급: 25×8=200
·수요 실패: 0	·공급 실패: 375-200=175
·수요자 잉여: -5×8=-40	·공급자 잉여: 0
·제도 전 수요: 20×10=200	·제도 전 공급: 20×10=200
·정착 초기 수요: 25×8=200	·정착 초기 공급: 25×8=200
·수요 감소: 0	·공급 감소: 0

　　제도 정착 초기에는 수요자의 반발로 수요자와 공급자 모두 피해를 보게 되지만, 높은 수준의 최저임금제 시행으로 인해 점차 수요 충분재화에 대한 수요가 높아지게 된다(실제 임금 20 사회보다는, 실제 임금 25 사회가 임금 수준이 높으므로, 수요 충분재화에 대한 수요가 더 높아질 것이다). 이로 인해, 수요 충분재화를 생산하는 기업의 재정이 점차 좋아지게 되고, 원래의 수요량을 회복하게 된다.

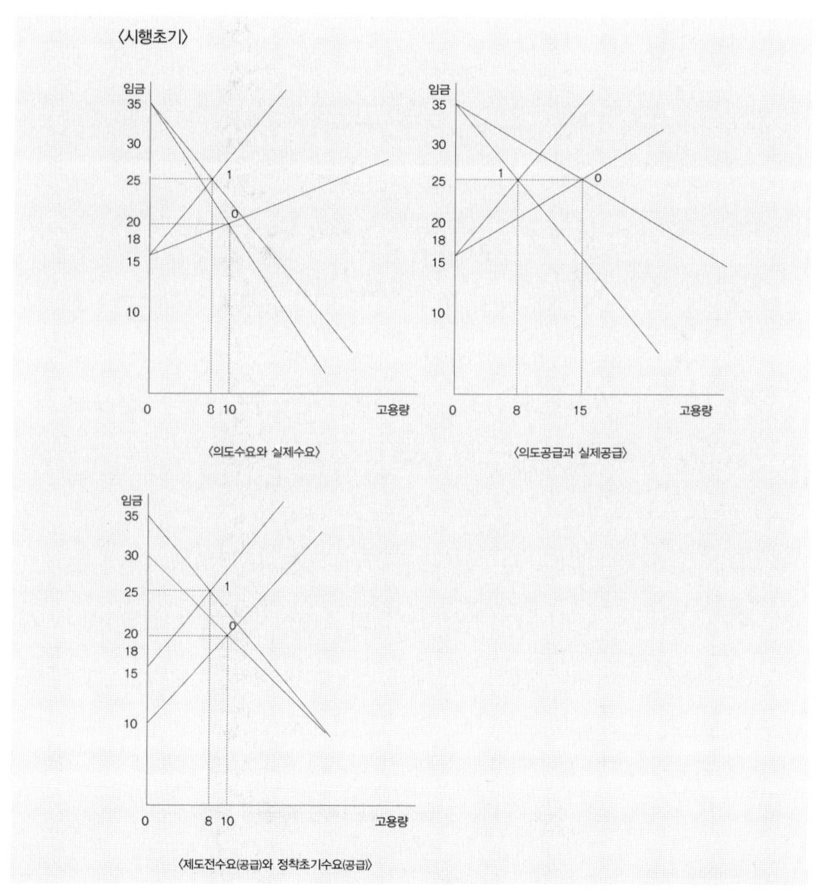

② 시스템 정착기

시스템 정착기는 다음과 같이 예상할 수 있다. 공급가격은 25로 변함이 없다고 가정하고, 공급량은 8에서 15로 증가하고, 수요가격은 20에서 25로 상승했으며, 수요량은 8에서 10으로 늘어났을 때, 결국 실제 임금은 25가 되고 실제 노동량은 10이 되었다고 가정하자(최대 수요가격은 35 그대로이고, 최소 공급가격은 15에서 20으로 상승했다고 가정하자).

<수요자 측면>

- 의도 수요: 25×10=250
- 실제 수요: 25×10=250
- 수요 실패: 0
- 수요자 잉여: 0
- 정착 초기 수요: 25×8=200
- 정착기 수요: 25×10=250
- 수요 증가: 250-200=50

<공급자 측면>

- 의도 공급: 25×15=375
- 실제 공급: 25×10=250
- 공급 실패: 375-250=125
- 공급자 잉여: 0
- 정착 초기 공급: 25×8=200
- 정착기 공급: 25×10=250
- 공급 증가: 250-200=50

따라서 정착 초기보다 수요와 공급이 증가하고, 수요자 잉여 손실도 없어지며, 공급 실패도 줄어들었다. 그리고 가계의 재정이 좋아지면서 수요 충분재화에 대한 수요가 많아지고, 기업의 재무적 상황도 호전되면서, 더 많은 고용을 하게 되고, 더 높은 임금을 지급하게 된다.

〈시스템정착기〉

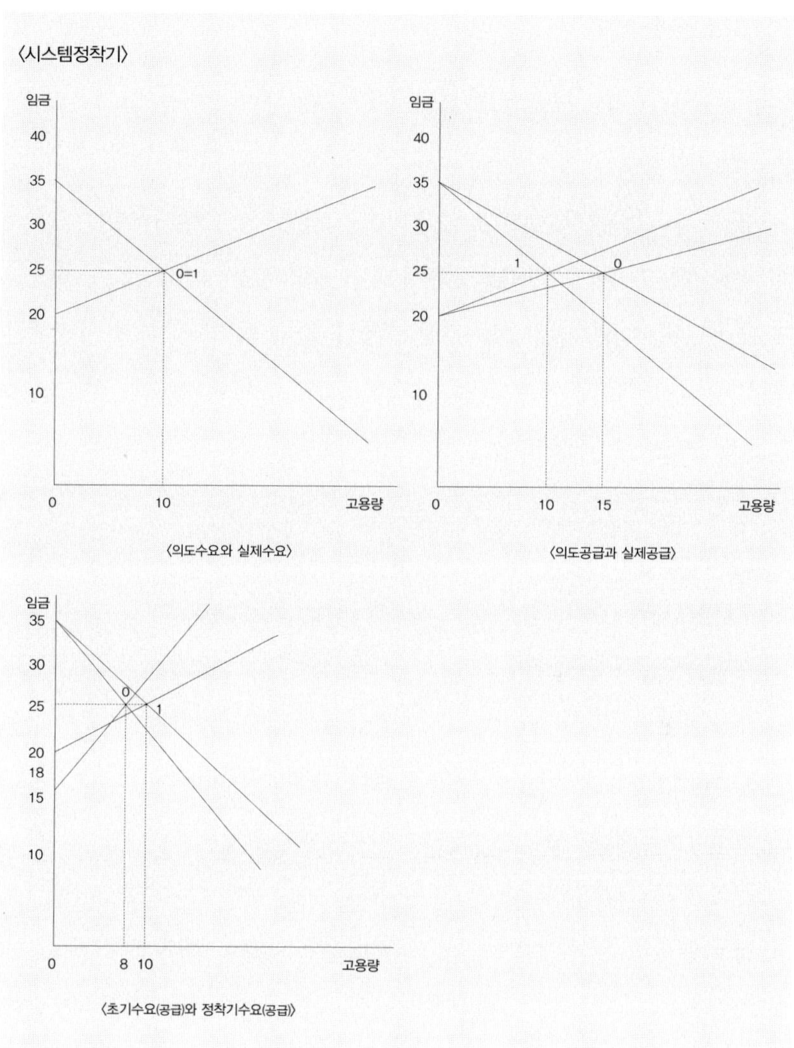

임금
40
35
30
25
20
10
0=1
0
10
고용량
〈의도수요와 실제수요〉

임금
40
35
30
25
20
10
1
0
0
10
15
고용량
〈의도공급과 실제공급〉

임금
35
30
25
20
18
15
10
0
1
0
8
10
고용량
〈초기수요(공급)와 정착기수요(공급)〉

③ 시스템 활성기

높은 수준의 최저임금제가 활성기에 접어들면, 다음과 같이 예상해 볼 수 있다.

공급가격은 25에서 30으로 증가하고, 공급량은 10에서 15로 증가하며, 수요가격은 25에서 28로 상승하고, 수요량은 10에서 12로 증가한다고 할 때, 결국 실제임금 28, 실제 고용량 12가 성립되었다고 가정하자(최소 공급가격은 20에서 25로 증가하고, 최대 수요가격은 35에서 40으로 상승했다고 가정하자).

〈수요자 측면〉

· 의도 수요: 28×12=336

· 실제 수요: 28×12=336

· 수요 실패: 0

· 수요자 잉여: 0

· 정착기 수요: 25×10=250

· 활성기 수요: 28×12=336

· 수요 증가: 336-250=86

〈공급자 측면〉

· 의도 공급: 30×15=450

· 실제 공급: 28×12=336

· 공급 실패: 450-336=114

· 공급자 잉여: -2×12=-24

· 정착기 공급: 25×10=250

· 활성기 공급: 28×12=336

· 공급 증가: 336-250=86

따라서 정착기보다 더욱 좋은 경제 상황이 되며, 이런 현상이 계속 지속되면, 가계의 소득과 소비는 더욱 증가하고, 기업의 생산력 또한 더욱 좋아져, 결국 실업률이 낮고, 임금 수준이 높은 생산적 노동시장이 형성된다.

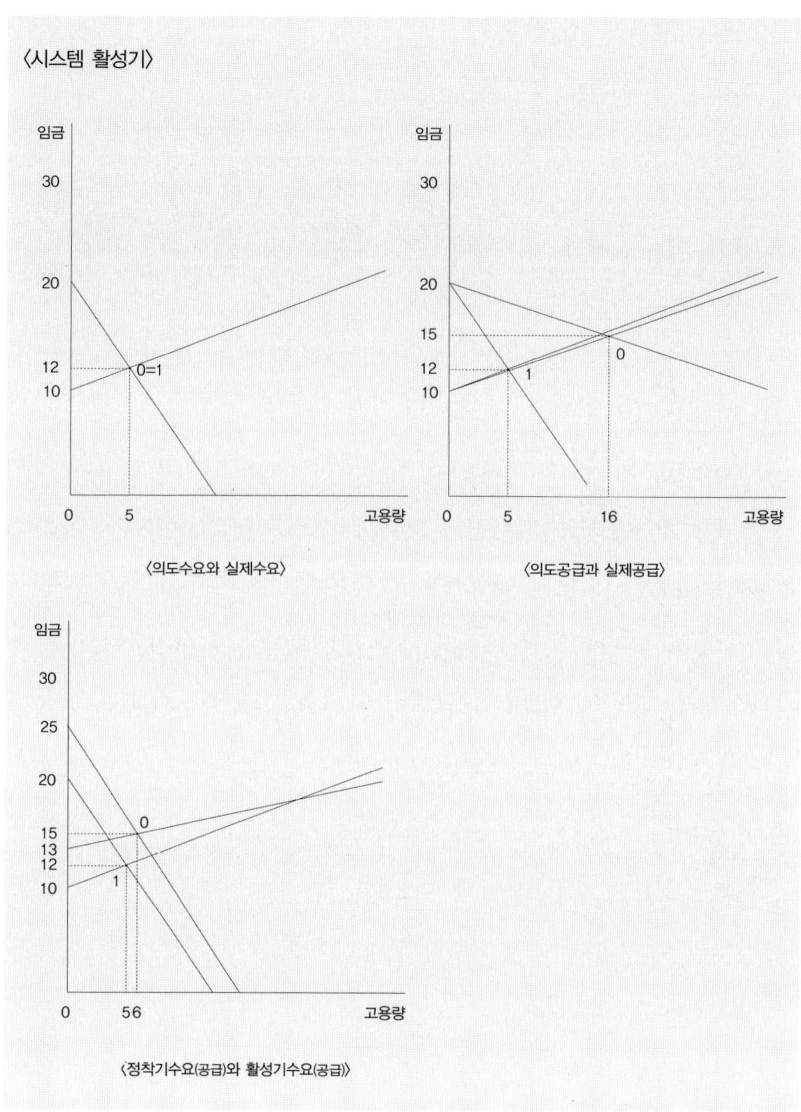
임금
30
20
12
10
0
5
0=1
고용량
〈의도수요와 실제수요〉
임금
30
20
15
12
10
0
5
16
1
0
고용량
〈의도공급과 실제공급〉
임금
30
25
20
15
13
12
10
0
56
0
1
고용량
〈정착기수요(공급)와 활성기수요(공급)〉

2. 노동유연화 시스템

노동유연화란 기업에게 고용과 해고, 근로시간, 임금 수준 등 노동 관련 경제 행위에 대한 재량을 확대해 주는 개념이다. 즉, 기업은 이윤 확보나 비용절감을 위해 자유롭게 근로자들을 고용, 해고할 수 있으며, 임금조정이나 근로시간 등을 자유롭게 운영할 수 있다.

그럼, 과연 착취적 노동시장에서 노동유연화 시스템이 경제적으로 어떠한 현상을 발생시키는지에 대해서 살펴보자.

노동유연화 시스템을 작용되면, 기업은 기존의 임금 수준을 낮추려 할 것이고, 높은 임금 수준으로 고용되어 있던 정규직 위주의 노동자를 해고하여, 낮은 임금으로 비교적 해고가 자유로운 비정규직 노동자들을 고용하려 할 것이다. 또한 이전보다 고용을 줄이고, 소수의 인원으로 초과근무를 할당하여, 비용을 절감하고, 이윤을 극대화하려 할 것이다.

따라서 이런 현상들을 대략 수치로 나타내보면, 노동유연화 정책들로 인해 노동수요가격은 20에서 15로, 수요량은 10에서 8로 감소하고, 공급가격은 20, 공급량은 10으로 변함이 없다고 했을 때, 결국 실제 임금은 15, 실제 고용량은 8이 성립되게 된다. 그리고 최대 수요가격은 30에서 25로 감소하고, 최소 공급가격은 10으로 변함이 없다고 가정하자.

〈수요자 측면〉
· 의도 수요: 15×8=120

· 실제 수요: 15×8=120

· 수요 실패: 0

〈공급자 측면〉
· 의도 공급: 20×10=200

· 실제 공급: 15×8=120

· 공급 실패: 200-120=80

· 수요자 잉여: 0

· 제도 전 수요: 20×10=200

· 제도 후 수요: 15×8=120

· 수요 감소: 200-120=80

· 공급자 잉여: -5×8=-40

· 제도 전 공급: 20×10=200

· 제도 후 공급: 15×8=120

· 공급 감소: 200-120=80

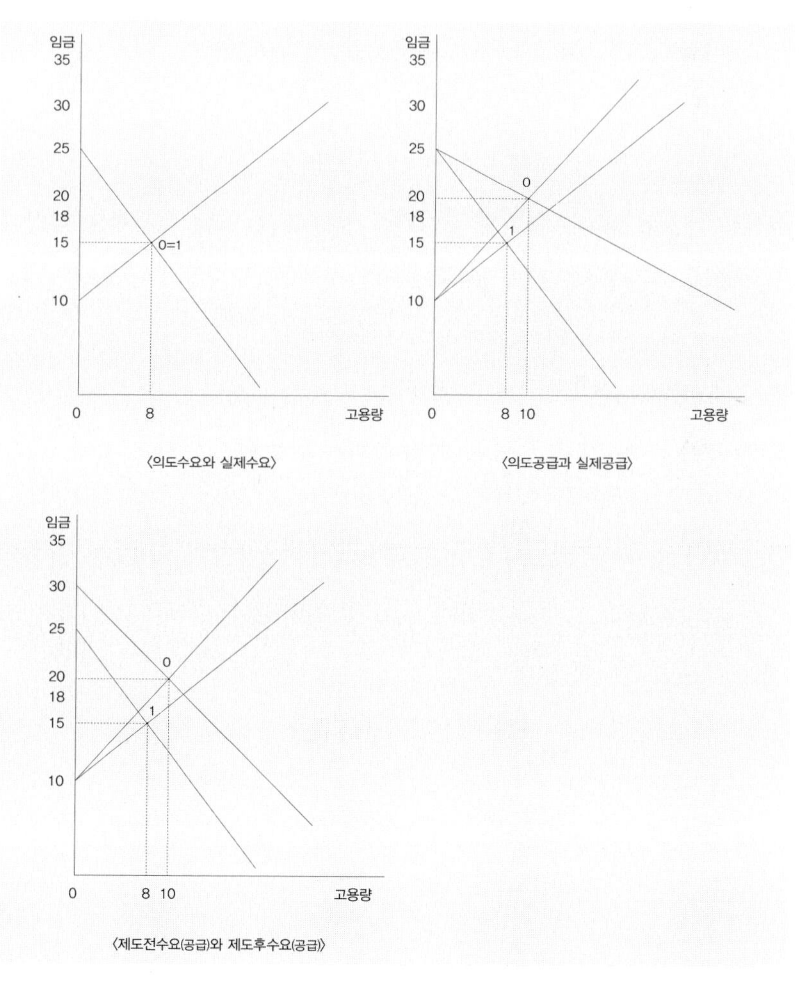

〈의도수요와 실제수요〉

〈의도공급과 실제공급〉

〈제도전수요(공급)와 제도후수요(공급)〉

노동유연화 정책이 실행되게 되면, 사회 전체적으로 노동수요와 공급이 크게 감소하고 공급자 입장에서는 큰 잉여 손실이 발생하게 된다. 그리고 노동유연화 정책은 주로 재정 상태가 안 좋은 기업들이 생산비용을 더 절감하기 위해 노동자를 착취하는 시스템으로서, 결국 오늘날과 같이 소득격차가 심하고, 저임금에 고용이 불안정한 경제 상황으로 만든 주역이다. 이로 인해 노동자들은 저임금, 고노동에 시달리고 있으며, 소비감소로 인해 결국 기업들도 큰 피해를 입고 있다.

따라서 지금은 한 시간 노동할 때가 아니라, 한 시간 소비할 때이다. 생산된 재화가 제때, 제값에 소비되지 않는다면, 노동의 대가도 낮아지고, 기업도 큰 피해를 보게 되는 것이다.

아울러 나는 아무리 생각해봐도 주주 자본주의, 노동유연화로 대변되는 신자유주의 경제노선을 이해할 수가 없다. 노동자를 착취해서, 자신들의 이익을 추구하면 된다는 식의 논리가 타당한 것인가?

'부'라는 것은 그 가치를 인정해 주는 자가 있을 때나 가능한 것이다. 중산층이 무너지고, 빈부격차가 심해져, 결국 자본주의가 무너지는 날에는 아무런 의미가 없다.

그리고 자본주의가 가장 경계해야 할 것이 바로 자본의 집중이다. 왜냐하면, 자본이 집중되게 되면, 그 막대한 자본을 실물소비와 투자와 생산에 사용하기에는 한계가 있어, 투기적으로 활용될 가능성이 크기 때문이다.

그리고 과연 상위 10%에게 대부분의 자본이 몰려 있는 것이 합리적인 자본주의라 할 수 있는가? 봉건 농노제를 극복하고, 자본주의 시장경제를 했건만, 지금은 도리어 자본의 노예가 되어, 예전의 농노제 사회로 회귀하고 있다.

제6장

투자 시장

투자와 생산

1. 투기의 의미

우리는 대중매체를 통해 거품이라는 말을 많이 접하고 있다. 그러나 거품이 무엇인지에 대해서는 구체적으로 알려진 바가 없다. 단지 주식시장이나 부동산시장에 거품이 끼어 있다는 정도로만 알고 있을 뿐이다.

나는 거품이란 '투자와 생산의 관계를 통해, 자산 가치가 실물생산 가치를 넘었을 때'를 의미한다고 생각한다. 예를 들어, 실물생산가치가 1,000억 원인 자산에 자본이 투입되어, 1조 원의 자산 가치를 형성했다면, 9,000억 원의 거품이 형성된 것이라 볼 수 있다.

따라서 나는 투자시장에서 투자는 자산에서 실물생산 가치를 이끌어 내는 것이고, 투기는 자산의 실물생산 가치를 넘어 가치거품을 만드는 것이라 생각한다. 즉, 자산의 실물생산 가치를 넘는 투자 행위는 투기인 것이며, 투기는 생산성을 증가시키는 것이 아니라, 거품을 키우는 투자 행위인 것이다.

따라서 경제 주체의 투자 행위에서 투기의 비중이 클 경우, 생산성은 투기가 존재하지 않던 상태보다 낮을 수밖에 없는 것이다. 왜냐하면 경제 전체의 소득은 결국 소비와 투자로 쓰이게 되며, 만약 투기가 존재하지 않는다면, 그 투기의 크기만큼 소비나 다른 생산적인 투자에 쓰일 수 있기 때문이다.

따라서 투자에서 투기의 비중이 늘어나면 늘어날수록 경제거품은 커지고 생산성은 악화될 것이다.

2. 투자시장의 유형

1) 생산경제 투자시장

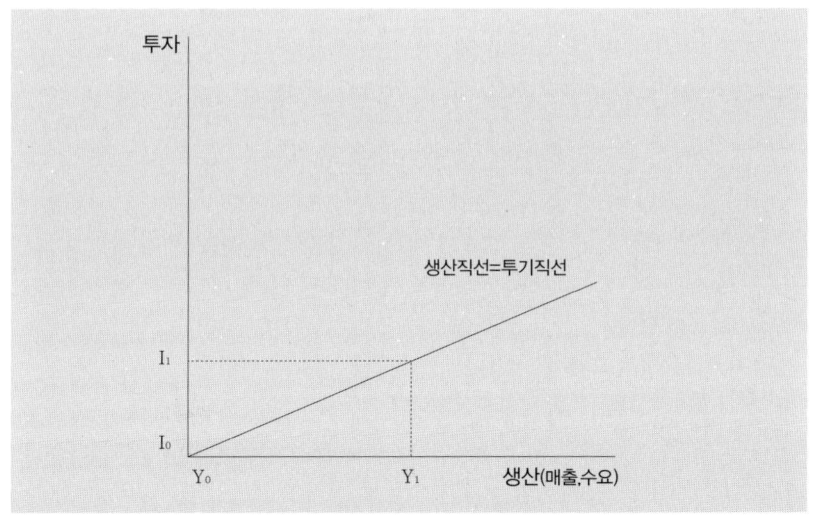

생산경제 투자시장이란 투자 행위에서 투기가 없는 투자시장의 상태를 의미하는 것이다. 위의 그래프는 바로 투자와 생산과의 관계를 나타낸 것으로 생산직선과 투기직선으로 이루어져 있다. 그리고 생산직선은 투자가 생산에 미치는 효과를 의미하는 것이다. 만약 투기가 없는 생산경제 상태에서 투자자본이 투입되면, 그 투입된 자본이 모두 실제 실물 생산에 활용된다는 의미이다.

2) 투기 경고 투자시장

만약 투기가 없던 생산경제 상태에서 투기가 발생한다면, 투자시장은 투기 경고 상태에 접어들게 된다. 논의에 앞서 투기직선에 대해 설명하자면, 투기직선은 투기가 존재하면 생산직선보다 시계 반대방향에 위치하게 된다. 왜냐하면 투기직선은 바로 그 투자시장 상황에서 실제 발생하는 생산의 크기를 나타내주는 직선으로서, 투기직선이 존재하게 되면, 생산에 악영향을 미치기 때문이다. 즉, 생산직선 상에서 달성할 수 있는 생산을 투기가 존재함으로써 달성할 수 없게 된다.

따라서 투기 경고 상태에서 I_2만큼의 투자를 증가시켜, Y_1의 생산량을 달성하고자 하였다면, 투기직선에 의해 Y_2의 생산을 달성하여, 생산 실패를 일으키게 된다.

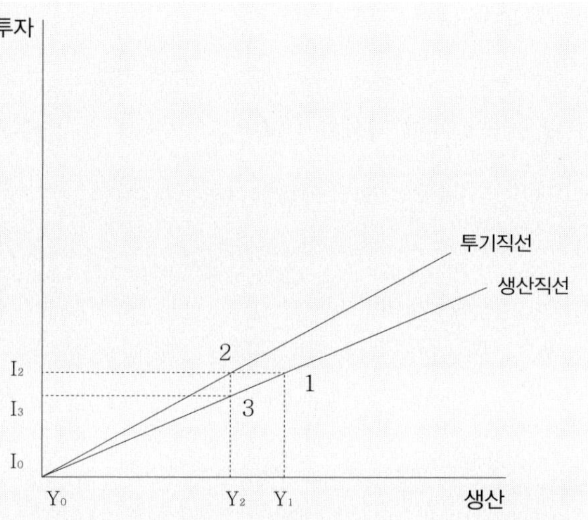

Y_1: 투기가 없으면 달성가능한 생산
Y_2: 실제생산
Y_1-Y_2: 생산실패
Y_2-Y_0: 생산증가
I_2-I_3: 실제생산에 들어가지 않은 자본의 크기
I_3-I_0: 실제생산에 들어간 자본의 크기

3) 투기 심각 투자시장

앞의 투기 경고 상태에서 투기가 더욱 심각해지면, 투기직선의 기울기는 더욱 가파라지고, 더 큰 생산 실패와 가치 거품을 발생시키게 된다.

나는 제1장에서 한계 소비성향과 투자 승수에 대해서 비판한 적이 있었다. 그 이유는 바로 이 세 가지 그래프가 잘 보여준다. 다음 부분에서 설명하겠지만, 생산경제 → 투기 경고 → 투기 심각 상태로 갈수록, 빈부 격차도 심하고, 임금 수준도 낮아지며, 저축이 줄어들기 때문에, 한계 소비성향은 더 커지게 되고, 투자 승수도 커지게 된다. 즉, 경기가 침체될수록 투자 승수가 높아지는, 말도 안 되는 논리가 생기게 된다. 따라서 내가 수학에서 벗어나야 한다는 것을 주장하는 이유도 투기라는 질적인 측면을 다루지 못하면, 경제 현상을 제대로 설명할 수 없기 때문이다.

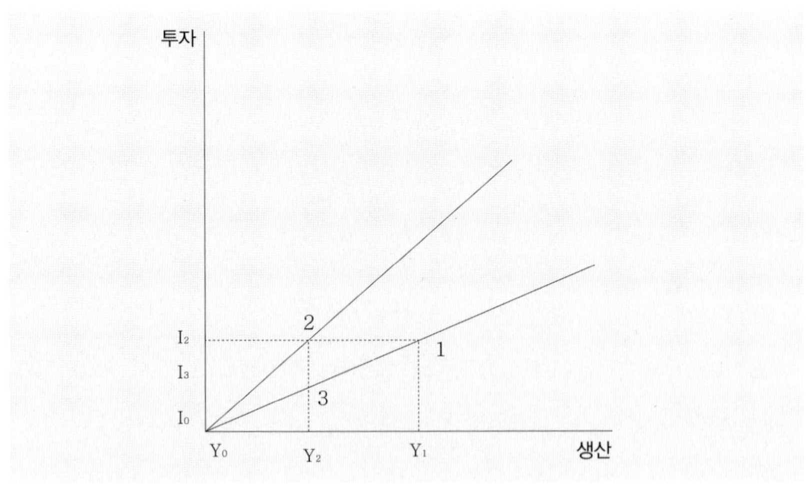

각 투자시장의 분석

1. 생산경제 투자시장

생산경제 투자시장에서는 위에서 말한 것처럼 투기가 없기 때문에, 투자가 증가하면 기업의 자본력이 향상되어 의도한 생산계획을 실행하기 위해 시설을 확충하고, 고용을 늘리게 된다. 그리고 기업이 수요가격을 고려하여 공급가격을 책정한 재화를 판매한다면, 의도 매출과 의도 이윤을 달성하게 된다. 또한 기업의 실적이 좋아짐에 따라 주가도 올라갈 뿐더러 고용이 늘어나고 임금이 상승하여 가계의 소득이 늘어나 수요충분채재화에 대한 소비가 증가하는 식으로 순환하게 된다.

그러나 이런 선순환이 지속되기 위해서는 세 가지의 조건이 있다. 첫째는, 기업이 수요를 고려하여 공급가격을 책정해야 한다는 것이다. 앞에서도 말했지만, 이자율을 아무리 낮추고, 투자를 아무리 증가시켜도 단기수익에 눈이 멀어, 가격 책정을 잘못하면 아무 소용이 없는 것이다. 즉, 기업이 수요 충분재화에 대한 이윤극대화 행위을 하라는 것이다. 수요를 제대로 파악하지 않고, 단기수익을 위해 처음부터 높은 가격을 책정하면, 이윤극대화는 실패하는 것이다. 둘째는 고용을 늘리고 임금 수준을 높여야 하는 것이다. 가격을 아무리 낮게 책정하더라도, 수요자가 비싸게 인식하면 소비가 되지 않는 것이다. 다시 한 번 말하지만, 기업 재정이 어렵다고 임금을 함부로 낮추어서는 안되며 정부는 최대한 지원을 해야 한다.

마지막은 투자 자본이 집중되게 해서는 안 된다는 것이다. 투기로 인해 자본이 소수의 대기업에 집중되면, 수많은 중소기업의 재정과 생산성이 악화되고, 이는 바로 가계 소득에 큰 악영향을 미치므로, 결국 대기업마저도 소비감소로 인해 직접적으로 큰 곤경에 처하게 된다.

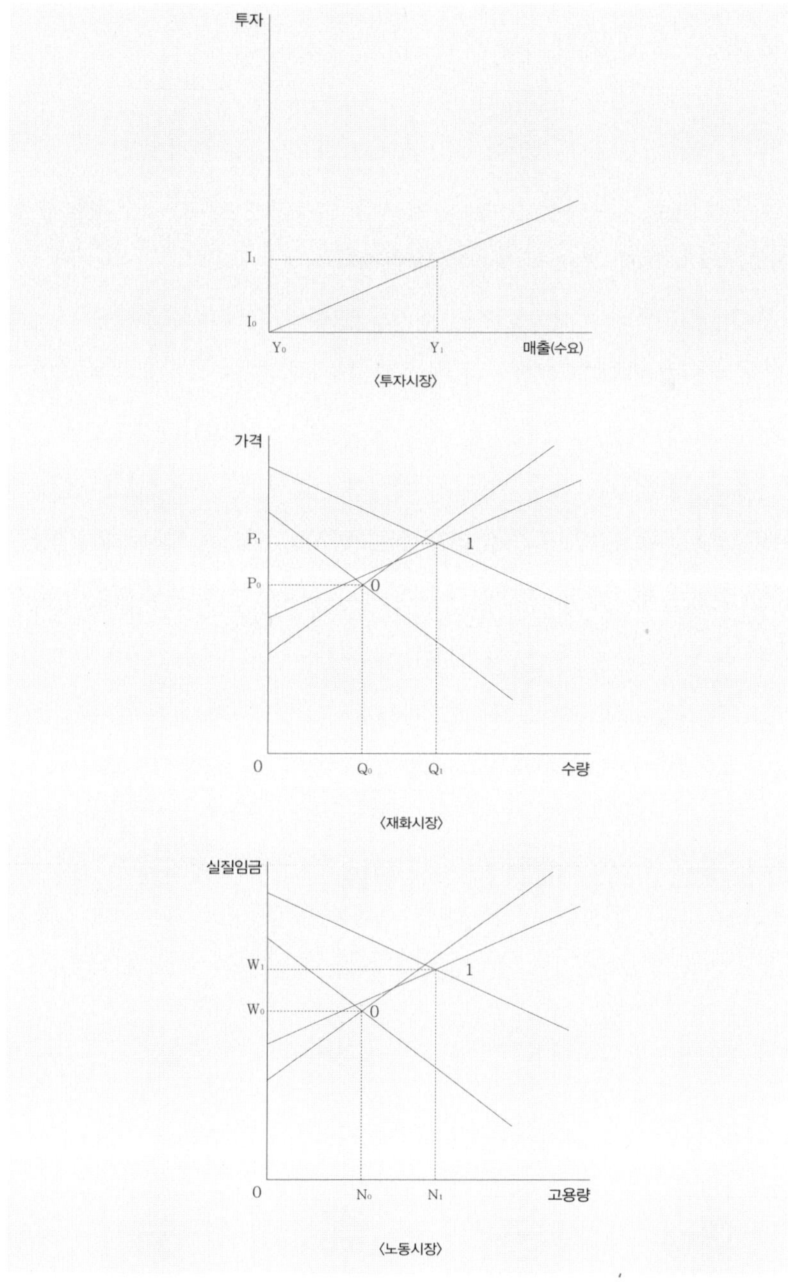
투자
I₁
I₀
Y₀
Y₁
매출(수요)
〈투자시장〉
가격
P₁
P₀
0
1
0
Q₀
Q₁
수량
〈재화시장〉
실질임금
W₁
W₀
0
1
0
N₀
N₁
고용량
〈노동시장〉

2. 투기 경고 투자시장

만약 생산경제에서 기업이 수요를 무시한 공급가격 책정이나, 고용과 실질임금을 늘리지 않았을 경우, 아니면 투자 자본이 소수의 기업에 집중되었다면, 투기 경고 상태로 변하게 된다.

투기 경고 상태에서는 정부는 경기침체를 막기 위해 저금리를 책정하고, 가계는 저축보다 금융이나 부동산 투기에 눈을 돌리게 된다. 만약 기업이 다시 높은 공급가격을 수요 충분재화에 책정했다면, 소비는 더욱 감소하고 기업은 매출 실패와 적은 이윤을 얻게 되며, 의도한 생산계획을 실행할 수 없게 된다. 따라서 이를 만회하기 위해 생산비용을 절감하는 방법으로 고용과 실질임금을 증가시키지 않고, 금융시장으로 눈을 돌려 자본을 조달하고 다시 신제품에 대해 수요가격을 고려하지 않은 공급가격을 책정하여 큰 재정적 위기에 처하게 되면, 고용이 감소되고 실질임금을 하락시켜 투기가 심각한 투자시장으로 옮겨가게 된다.

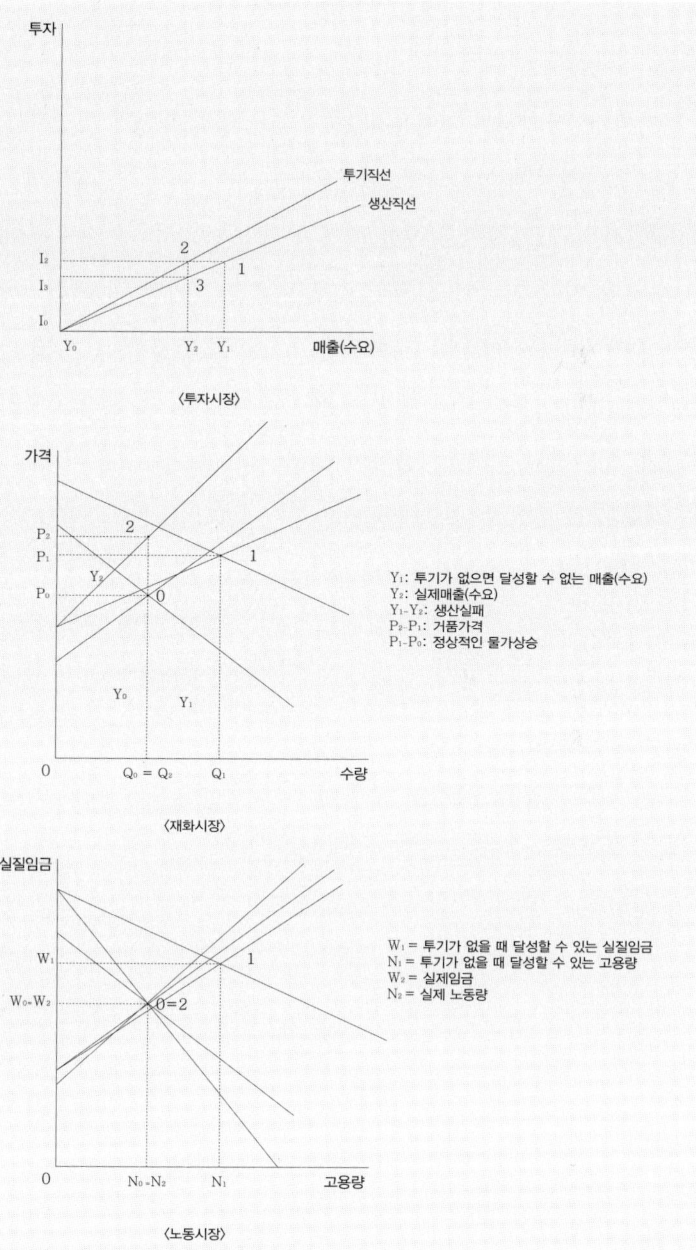
투자
투기직선
생산직선
I_2
I_3
I_0
2
3
1
Y_0
Y_2 Y_1
매출(수요)
〈투자시장〉

가격
P_2
P_1
P_0
2
Y_2
0
1
Y_0
Y_1
0
$Q_0 = Q_2$
Q_1
수량
Y_1: 투기가 없으면 달성할 수 없는 매출(수요)
Y_2: 실제매출(수요)
Y_1-Y_2: 생산실패
P_2-P_1: 거품가격
P_1-P_0: 정상적인 물가상승
〈재화시장〉

실질임금
W_1
W_0=W_2
1
0=2
W_1 = 투기가 없을 때 달성할 수 있는 실질임금
N_1 = 투기가 없을 때 달성할 수 있는 고용량
W_2 = 실제임금
N_2 = 실제 노동량
0
N_0=N_2
N_1
고용량
〈노동시장〉

3. 투기 심각 투자시장

투기 경고 상태에서 기업은 또다시 높은 공급가격을 책정하고, 소비감소로 인해 재정이 악화되어, 실물생산보다는 자산 투자와 캐피탈 사업에 집중하며, 문어발식 확장을 하게 된다. 이로 인해 실물부문에서의 대량 해고와 임금 삭감이 진행되고, 저임금, 고노동의 비정규직 위주로 고용이 이루어진다. 그리고 가계의 재정은 더욱 악화되어 수요 충분재화에 대한 소비가 감소하고 기업은 자신의 주가를 유지, 상승시키기 위해 자본을 투입하고, 다른 기업의 부풀려진 자산에도 투자하게 되어, 거품은 더욱 커진다.

또한 기업은 부풀려진 주가로 증자를 하고, 대출을 받고, 증자된 주식은 또다시 투기에 의해 거품을 형성한다. 투기로 인해 통화량은 계속 늘어나고, 자산 가치는 계속 부풀려지는 것이다. 부동산 같은 경우에도 특히, 우리나라는 영토가 좁기 때문에, 수요 필요재화의 성격을 갖고 있어, 투기에 의한 통화량 증가는 부동산 가격의 급등을 초래하고 다른 실물재화의 가격까지 계속 상승시키게 된다.

앞에서도 말했지만, 정부의 통화정책이 의미가 없는 원인 중 하나가 바로 투기 때문이다. 부동산 시장이나 금융시장에서 투기에 의해 부풀려진 자산 가치로 거래를하기 때문에, 계속 물가가 상승하고 통화량이 늘어나는 것이다. 이미 시중에 거품 통화가 엄청나게 풀려 있다. 물가가 상승하면, 통화량이 늘어나야 하는 건 당연하나, 실물생산과 관련 없는 투기로 인해, 물가와 자산의 가치는 치솟고, 노동의 가치는 떨어지고 있다.

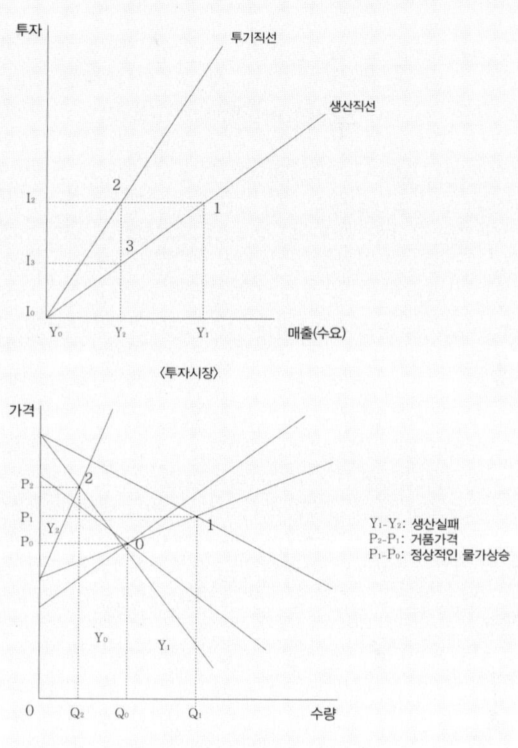

〈투자시장〉

〈재화시장〉

실제 실물 재화의 소비량은 줄었는데, 물가 급등으로 인해 GDP가 증가할 수도 있다.
따라서 우리가 실제 체감하는 소비 수준과 명목 GDP는 엄청난 괴리를 보이게 된다.
만약 GDP 측정에 실제매출(수요)액 이외에, 다른 경제적 가치를 넣는다면, 그 괴리의 규모는 더욱 커지게 된다.

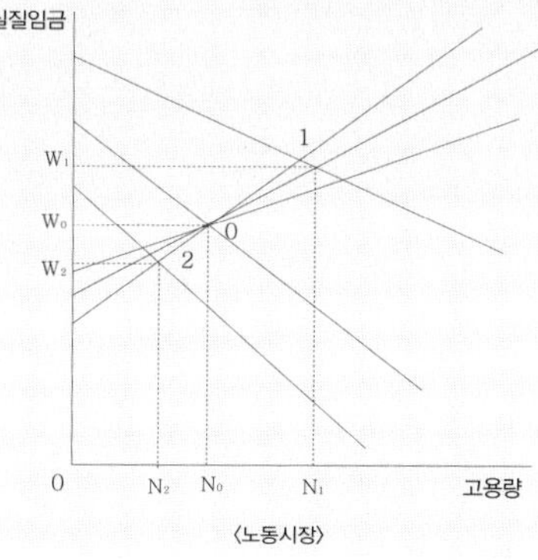

〈노동시장〉

투자시장의 개혁

1. 현실

나는 오랫동안 경제가 살아나고 있다는 말을 들어본 적이 없다. 단지 "주가가 올라가고 있다 그래서 경기가 곧 다시 회복될 것이다."라는 말은 자주 들었다. 그러면 과연 주가가 오르는 것이 생산성과 관련이 있을까?

나는 투기가 팽배한 지금의 주식시장에서는 관련이 없다고 생각한다. 실물소비와 생산가치 투자로 가야할 자금들이 자산 거품을 만들고 있는데 어떻게 생산성이 증가한다는 말인가? 오히려 감소하지 않으면 다행이다. 따라서 "주가가 올라서 생산성이 증가해 경기가 활성화 될 것이다."라는 말은 투기가 거의 없는 생산경제 상태에서나 가능한 말이다.

그리고 심각한 문제는 오늘날 많은 경제 주체들이 투기의 실체에 대해 전혀 파악하지 못하고 있다는 점이다. 단지 전문가의 조언, 기업의 실적 또는 정보에 의존해서 투자를 하거나, 아니면 EPS, PBR, PER 등과 같은 평가지표를 고려하여 투자를 하면, 그것이 합리적인 투자 방법인 줄 알고 있다. 하지만 투자자들의 호가에 의해서 가격이 결정되는 주식시장은 근본적으로 투기 심리에 의해서 움직일 수밖에 없는 구조를 가지고 있다.

예를 들어, 일반 개인 투자자 대다수가 소량의 주식을 각자 보유하는 형태를 띤다. 이것은 대량의 주식을 보유하고 있는 소수의 기관이나 전문 투자자들보다, 주당 희망이익이 매우 크다는 것을 뜻한다. 따라서 아무리 조언이나 정보, 기술 등에 의존해서 투자를 하였더라도, 결국은 현실적으로 투기 심리에 의해 행동할 수밖에 없다는 것이다.

그리고 주당 희망이익이 큰 일반 개인 투자자들보다 기관이나 외국인 같은 전문 투자자들은 매도와 매수에 있어서 행동 범위가 훨씬 넓고 신속하기 때문에, 결국 대다수의 일반 개인 투자자들은 자금을 모두 탕진하게 되고, 운이 좋아 이익 실현을 하더라도 낮은 수준에 그치게 된다.

또한 일반 개인 투자자들의 존재는 전문 투자자들이 투기 행위에 더 집중할 수밖에 없도록 만드는 유인으로 작용한다. 아무리 투자 감각이 뛰어나고, 기업의 성장성과 미래예측 능력이 탁월한 전문 투자자라 할지라도, 수익을 목적으로 달려든 개미들을 그냥 지나칠 리가 없기 때문이다. 즉, 뛰어난 투자 능력을 지닌 이들 전문 투자자자들은 개미 투자자들을 투기의 수단으로 활용하게 된다는 것이다.

또한, 호가에 의한 시가총액은 기업 가치를 나타내는 지표일 수 없다.

예를 들어, 시가총액이 1,000억 원이고 주식 수량은 100만주이고, 주가는 10,000원인 A회사 주식이 하루에 2만주가 거래되어, 15%의 상한가를 기록했다면, 결국 2만주의 거래량으로 인해 시가총액은 1,150억 원으로 상승한 것이 된다. 즉, 소수의 거래(2%)만으로 나머지 98%의 주식의 가격이 모두 상승한 것이다. 만약 투기 심리에 의해 상승세가 계속 이어진다면, 시가총액은 급등할 것이며, 단기간에 회사가치가 몇 배로 상승할 수 있다는 것이다. 이렇게 소수의 거래만으로 전체의 주가가 변동되게 되면, 실제로 투입된 자본은 얼마 되지 않은데, 가치만 부풀려지게 된다. 그리고 이 부풀려진 주식가치로 은행에서 대출을 받거나, 증자를 하게 되며, 그 증자된 주식을 투자자들이 매수하는 방식으로 거품은 계속 커지게 된다.

이러한 시스템으로 인해, 실물소비와 생산, 저축은 줄어들고, 투자가 반드시 필요한 주식에 자본이 투입되지 않는다. 또한 자본이 들어간다 하더라도, 투기 심리에 의해 과다 투자되어 거품이 될 가능성이 매우 높을 것이다.

이것은 결국, 주주입장에서나 기업입장에서 바람직한 것이 아니다. 또한, 주식이 매수세를 탓을 때는 시가총액이 급등하다가 매도세를 타게 되면, 시가총액이 급락하는 시스템은 투자자와 기업에게 너무 큰 부담이 된다. 만약 매도세로 인해 주가가 급락하면, 기업은 자사주를 매입하여 가격을 안정시키게 되고, 그로 인해 생산에 투입되어야 할 막대한 자본이 주식시장에 투입될 수도 있는 것이다.

그런데 문제점은 주가가 상승할 때는 경제 주체가 소극적이지만, 주가가 내려갈 때는 적극적이라는 데 있다. 이런 성격으로 인해 주가는 실제 경기와는 상관없이 계속 상승하는 경향이 보이게 된다.

예를 들어, 요즘과 같은 장기침체의 경제위기에도 불구하고, 주가지수가 올라가는 것을 보면, 주식시장과 실제 시장상황과의 괴리가 얼마나 큰 지 알 수 있다.

그리고 주식은 기업의 경영권을 담보하는 것으로, 주가가 상승한 것이 기업에게는 공짜점심일 수가 없는 것이다. 즉, 주가가 급등하여 시가총액이 커지면 커질수록 기업입장에서는 경영권의 위협을 받으면서도, 언제 터질지 모르는 거품 폭탄을 안고 있는 것과 마찬가지인 것이다. 따라서 기업에게 정말 이익이 되는 것은 주식이나 사채를 발행해서 자본을 조달하는 것이 아니라, 생산한 상품을 제 값에 파는 것이다.

2. 방안

나는 자본주의 사회에서 투자시장의 존재 목적은 불확실한 상황에 자본을 투입하여, 생산을 최대화하는 것이라 생각한다. 따라서 투자시장이 역할을 제대로 하려면, 현실의 경제 문제를 개선해야 한다고 본다. 하지만 지금의 투자시장의 모습은 심각한 투기로 인해 그 목적을 전혀 실현하지 못하고 있으며, 오히려 경제를 위험에 빠뜨리고 있다.

지금 세계 각국에서 자국의 금융시장을 적극적으로 개혁하고 있지만, 금융시장이 제 역할을 하려면, 기존 시스템을 새롭게 바꿔야 한다고 생각한다. 즉, 실물생산과 관련 없거나, 그 가치를 뛰어 넘는 파생금융상품을 없애고, 특히 경제 주체의 기대에 주가가 의해서 결정되지 않고 어떤 합리적인 기준에 의해 평가되어야 한다고 생각한다.

나는 이 합리적인 기준이 기업의 생산 가치를 그나마 가장 잘 나타내
는 결과물인 '매출액'이라고 생각한다. 즉, 매출액이 증가하면, 기업의 주
가는 올라가는 것이고, 매출액이 감소하면 기업의 주가는 내려가게 되
어, 기업의 생산력을 높이고, 투자자들도 투기가 아니라 기업의 생산성
과 발전가능성을 고려하여 투자할 수 있는 시스템을 만들어야 된다고
생각한다.

따라서 나는 매출액에 의한 주가결정 시스템을 제안하고 싶다. 이 주
가결정 시스템의 핵심 내용은 두 가지다. 첫째는, 주가는 매출액을 주식
수량으로 나눈 것으로 하고, 주가를 올리거나 내려서 거래할 수 없도록
한다. 둘째는, 주가는 주기적으로 매출액이 재평가될 때 변동되게 한다
는 것이다.

A기업

	2011년 매출액	2012년 매출액
1월	100억	120억 ⟶ 주가 12200원
2월	130억	150억 ⟶ 주가 12400원
3월	100억	130억 ⟶ 주가 12700원
4월	120억	
5월	150억	
6월	100억	
7월	80억	
8월	70억	
9월	100억	
10월	100억	
11월	80억	
12월	70억	

예를 들어, 위의 표처럼 만약 1년 매출액을 기준으로 매월 주가를 재평가한다면, A기업의 2011년 총매출액은 1,200억 원이고, 발행주식수는 100만주라고 했을 때, 주가는 12,000원이 된다. 다음해 2012년 1월에는 전년 1월보다 20억 원의 매출이 증가했으므로 12,200원이 되고, 2월에는 전년 동월보다 매출액이 20억 원이 증가하여, 12,400원이 되고, 3월에는 전년 동월보다 매출액이 30억 원이 증가했으므로, 12,700원이 된다. 이런 식으로 주가를 책정하게 되면, 대략 다음과 같은 다섯 가지 긍정적인 효과가 나타난다.

첫째, 투자의 안정성이 크게 향상된다는 점이다. 과거의 투기 심리에 의해서 수시로 변화하던 주식가격이 기업의 매출액에 의해 변화함으로써 투자자의 예측가능성이 향상되고, 특히 매출액을 통해 우량기업과 부실기업을 확실하게 구분할 수 있으며, 또한 주식가격이 갑자기 폭등하거나 폭락하는 변수가 거의 없어지므로, 더욱 안정적이고 합리적인 투자를 할 수 있게 된다. 이로 인해 위험중립자인 경제 주체까지 주식투자에 디 많이 참여하게 된다.

둘째, 여러 중소기업에게도 자본이 골고루 투입될 수 있다. 규모가 작고, 생산량이 적더라도 기업의 재정이 건전하고 미래성장성이 높다면 충분히 투자 매력이 있기 때문이다.

셋째, 고용과 임금 수준이 상승한다. 여러 중소기업의 재정 상태가 좋아지고, 생산성이 증가하여 고용량이 증가하고, 임금 수준이 높아질 뿐만 아니라, 가계의 재정이 안정되어 소비와 저축이 더욱 늘어나게 된다. 이로 인해 대기업의 재정상태도 크게 좋아지며, 매출액을 늘리기 위해 시설확장이나 품질 향상에 더욱 노력하고 고용을 확대하는데도 힘을 쓰게 된다.

넷째, 기업가정신 확산에도 기여한다. 기업에게 순이익보다는 매출액을 늘리는 유인을 제공함으로써, 수요 충분재화에 대한 수요를 고려한 공급가격 책정과 고용을 늘리고 임금을 상승시키는 등의 경제 행위를 실행하게 할 수 있는 원동력이 될 수 있다. 즉, 경영자가 기업가정신을 발휘할 수 있도록 이끌 수 있다는 것이다.

다섯째, 실질적으로 더 많은 자본금이 기업에 투입되게 된다.
만약 매출액을 주식물량으로 나누게 되면, 호가에 의해 적은 거래량으로 부풀려진 시가총액에서 얻는 자본금보다 더 많은 자본금이 기업에게 들어 올 수 있게 된다.

제7장

경제 순환

소비주기

소비주기란, 소비자가 같은 용도의 재화를 재구매할 때까지의 기간을 의미한다. 가령, 자동차를 구입하고, 5년 뒤 다른 자동차를 구입하였다면, 소비주기는 5년이 된다. 그럼 이 소비주기란 개념이 왜 중요한 지에 대해 설명하겠다.

예를 들어, 전혀 교역이 되지 않는 A와 B라는 사회가 있는데, A사회에서의 냉장고 소비주기는 평균 5년이고, B사회에서의 냉장고 소비주기는 평균 10년이라고 하자. 갑 회사는 A사회에, 을 회사는 B사회에 냉장고를 생산, 판매한다고 가정한다면, 과연 어떤 사회에서 많은 매출과 이윤을 얻을 것인가(단, 구매자 수와 냉장고의 가격은 동일하며, 두 회사의 초기 자본과 기술력도 동일하다고 가정하자)? 상식적으로 생각해도, 갑 회사가 소비주기가 짧은 A사회에서 많은 이윤을 얻게 된다는 것을 짐작할 수 있다. 즉, 갑과 을의 매출과 이윤의 차이는 시간이 지날수록 더욱 커지는데, 처음에는 갑 5년, 을 10년 이렇게 5년 차이지만, 그 다음은 각각 10년과 20년이 되어 10년 차이, 또 그 다음은 각각 15년과 30년이 되어 15년 차이, 이런 식으로 소비주기 차이가 점점 벌어지게 된다. 따라서 15년이 지나면, A사회 소비자들은 벌써 냉장고를 3번 재구매했지만, B사회는 아직 1번밖에 재구매가 되지 않는 상태에 머무르는 것이다. 그럼, 이것은 경제적으로 무엇을 의미하는 것인가?

같은 자본력과 기술력을 갖고 동시에 출발한 회사들이, 소비자의 소비주기에 의해 완전히 다른 수준의 회사가 된다는 걸 예상할 수 있다. 그리고 3번 재구매된 A사회의 냉장고 품질이 1번 재구매된 B사회의 냉장고 품질보다 월등히 앞설 거라는 것도 쉽게 짐작할 수 있다. 이로 인해 A사회 수요자의 삶의 질이 B사회 수요자의 삶의 질보다 풍요로울 것이라 생각할 수 있다. 따라서 재화의 소비주기가 짧다는 것은 그 사회의 경제 주체에게 큰 이익이 된다는 것을 알 수 있으며, 이와 반대로 소비주기가 길다는 것은 소비가 침체되어 있어, 성장성이 낮다는 것을 의미하고 있음을 알 수 있다.

따라서 우리나라의 기업들도 소비자의 소비주기를 단축해나가는 판매 전략을 선택해야 한다. 만약 자사의 TV를 3년 보고 자회사의 다른 TV를 구입한다면, 감가상각을 고려한 가치를 보상해 주는 것이 바람직하다. 물건을 사서 오래 쓰는 것이 결코 생산자나 소비자에게 이로운 일이 아니기 때문이다.

침체의 경제 순환

앞에서 논의한 경제 주체의 소비주기가 길 경우, 경제는 침체된다는 것을 알 수 있었다. 그러면 경기침체를 의미하는 긴 소비주기의 원인은 무엇일까? 그것은 바로, 앞에서 논의한 수요 충분재화를 생산하는 기업이 수요가격을 무시하고 공급가격을 책정했을 경우와, 수요 필요재화의 공급가격이 높을 경우를 들 수 있다.

1. 수요 충분재화에서의 수요가격을 무시한 공급가격 책정

소비주기를 늘리는 요인 중 하나는 바로 수요 충분재화를 생산하는 기업이 제품을 출시할 때, 수요가격을 무시한다는 것이다. 현실에서 수요 충분재화를 생산하는 대부분의 기업들이 처음 제품을 출시할 때, 공급가격을 높게 책정하여, 수요가격대가 높은 소수의 소비자를 상대로 판매하고, 시일이 지나면서, 재고상품을 점차 가격을 내려 판매하는 과정들은 얼핏 보면, 매우 합리적인 판매 전략인 것 같다. 그러나 이런 판매 전략은 수요 필요재화에서나 적용되는 것이지, 수요 충분재화에서는 기업에게 큰 매출과 이윤을 보장하지 않는다. 오히려 막대한 재고처리 비용과 꾸준히 지출되는 상당한 고정비용과 시간의 낭비로 인해 기회수익의 상실을 가져온다.

앞에서도 말했지만, 재화의 성질은 고정되어 있는 것이 아니라, 시기나 지역 등에 따라 항상 변할 수도 있고, 또한 변하는 것이다. 예를 들어, 컴퓨터, 냉장고, TV, 세탁기 등의 재화는 1980년, 1990년대만 해도 한국에서는 수요 필요재화의 성격을 가지고 있었으나, 점차 가계에 널리 보급되면서, 수요 충분재화로 그 성격이 바뀌게 되었다. 하지만 과거에 기업들이 수요 필요재화를 판매하는 전략을 오늘날에도 변함없이 적용하고 있다. 즉, 과거처럼 광고나 판촉 행사 등을 통해 판매가 촉진된다고 생각하여, 현재도 그렇게 실행하고 있는 것이다.

그런데 실상은 어떠한가? 수많은 기업들이 판매 부진으로 인해 큰 재정적 위기에 처해 있지 않은가? 이렇게 기업들이 재정에 어려움을 겪게 되면, 결국 생산비용을 줄이기 위해 종업원의 임금을 삭감하거나 저임금으로 고용하게 되고, 그렇게 되면 가계의 소비주기가 더욱 길어져, 경제는 더욱 침체의 늪으로 빠지게 된다.

따라서 기업이 수요 충분재화에 대해 수요가격을 무시하여, 공급가격을 책정하게 되면, 다음과 같은 경제침체의 순환이 발생하게 된다.

기업의 수요 충분재화에 대한 높은 공급가격 책정 → 판매 부진으로 인한 재고 증가→ 의도 매출과 의도 이윤 달성 실패 → 재고 처리를 위한 가격할인이나 할부정책 사용 → 꾸준히 지출되는 임금, 조세, 시설유지비 등의 막대한 고정비용으로 인한 낮은 수익 획득 → 재정 악화로 인해 신제품 생산에 큰 차질 발생 → 생산비용 절감을 위한 임금 삭감, 하청업체에 대한 납품단가 삭감 → 가계의 소득감소로 인한 수요 충분재화에 대한 소비주기 상승→ 다시 반복된 수요가격을 무시한 공급가격 책정 → 더욱 심각해진 재고 증가 → 의도 매출, 의도 이윤 달성 실패 → ……(반복)……생산비용 절감만으로 재정 손실을 감당하지 못할 경우, 실물생산보다는 금융시장에 집중 캐피탈 사업 확대, 무분별한 사업 확장 → 서민 상권 몰락과 가계재정 악화로 인해 수요 충분재화에 대한 소비주기가 더욱 길어짐 → 반복된 수요 충분재화의 높은 공급가격 책정 → 생산비용 회수 불능, 고정비용 지급 불능, 부채 상환 불능으로 인한 주가 폭락 → 기업 도산→ 은행 도산 → 자본주의 시스템 종식의 순으로 진행될 수 있다.

2. 수요 필요재화의 가격조절 실패

만약, 수요 필요재화에 대한 공급감소 자극(흉년, 질병, 담합)으로 인해 공급가격이 올라가는데 그것에 대한 조절이 실패했을 경우, 기업의 생산비용은 증가하게 되고, 그 비용을 절감하기 위해 고용을 줄이고, 임금을 삭감하게 된다. 이로 인해 기업이 생산하는 재화의 가격은 오르고,

가계의 재정은 악화되어, 수요 충분재화에 대한 소비주기가 더욱 길어져, 경제가 침체의 늪에 빠지게 된다.

여기서 수요 필요재화에 대한 가격조절에 실패한 예로서, 바로 과거 70년대의 오일 쇼크를 들 수 있다. 그 당시 세계경제는 중동 산유국의 저렴한 원유가격에 의해 한창 높은 성장을 하고 있었다. 하지만 중동 아랍국가와 이스라엘의 갈등 과정에서 서구 국가들이 이스라엘을 지원함으로써, 중동 산유국들은 그 정치적 보복으로 원유 생산량을 줄이는 데 합의하기에 이른다. 이 사태 발생 후 세계경제는 심각한 물가상승으로 인하여, 생산비용을 절감하기 위해 임금삭감, 대량해고, 고용 축소등으로 대응하여, 그로 인해 소비가 크게 위축되고, 결국 수많은 기업들은 공급 과잉으로 인해 무너지게 되었다.

그러면, 이 오일 쇼크로 인한 스태그플레이션을 해결할 방법은 무엇이었겠는가? 과연 수학적 도구 따위로 이 문제를 해결할 수 있었겠는가?

앞에서도 말했지만, 수요 필요재화는 생산자가 수요자보다 경제 행위에 있어서 더 우위에 있기 때문에 그 당시 오일 쇼크를 해결하려면, 중동 산유국과 서방국가의 정치적 갈등을 해결하는 길밖에 없었다. 왜냐하면 그 당시 저렴한 중동산 원유는 서방국가의 고성장에 있어서 마치 혈액과 같은 핵심적인 수요 필요재화였기 때문이다. 따라서 스태그플레이션의 가장 큰 원인은 바로 수요 필요재화의 공급가격 상승이라는 것을 알 수 있다. 즉, 소비가 감소하는데도 불구하고, 물가는 계속 치솟는 스태그플레이션은 우리사회에 흔히 일어나는 경제현상이지, 특수한 현상이 아니다.

우리는 오랫동안 스태그플레이션 상황에서의 경제 행위를 지금도 하고 있는 것이다.

3. 분석

만약 수요필요재화에서 공급 감소자극이 일어났을 경우, 수요자가 공급가격 상승의 가격 조절에 실패했을 경우, 경제에 어떠한 영향을 미치는지 초기 - 중기 - 후기로 나누어 살펴보자. 그리고 수요 필요재화는 구매경쟁이 심하기 때문에 대부분 경매방식으로 거래를 하므로 이 방식을 사용하여 분석해 보자(기본 가정은 앞의 재화시장과 동일하다).

① 초기

수요 필요재화에서 공급감소 자극이 일어났을 경우, 공급자의 경우 자극 전과 비슷한 수준의 잉여 이익을 추구한다고 가정했을 경우, 의도 공급가격을 20에서 22로 상승시키고, 공급량은 공급 감소자극으로 인해 10에서 8로 감소하게 된다.

그리고 수요자의 수요가격은 자극 전과 같이 20, 수요량은 10이라 했을 때, 공급량이 수요량보다 적으므로 수요자의 구매경쟁은 더욱 심해져서, 결국 실제 가격은 28, 실제 수량은 8에 거래가 성립되었다고 가정하자. 이를 다음과 같이 나타낼 수 있다.

〈수요자 측면〉

・의도 수요: 20×10=200

・실제 수요: 28×8=224

・수요 실패: 224-200=24

・수요자 잉여: -8×8=-64

・자극 전 수요: 20×10=200

・자극 후 수요: 28×8=224

・수요 증가: 224-200=24

〈공급자 측면〉

・의도 매출: 22×8=176

・실제 매출: 28×8=224

・매출 확장: 224-176=48

・공급자 잉여: 224-80=144

・자극 전 매출: 20×10=200

・자극 후 매출: 28×8=224

・매출 증가: 224-200=24

따라서 초기에 수요자는 큰 잉여 손실을 입게 되고, 공급자는 큰 잉여 이익과 매출신장을 얻게 된다. 그리고 수요 필요재화의 공급가격이 상승함에 따라 소비국의 경제는 더욱 침체된다.

② 중기

초기에 이어, 공급 감소자극이 계속 이어지면, 다음과 같이 가정해 볼 수 있다. 공급자는 초기의 공급가격에 만족하거나 조금 더 이익을 볼 심산으로, 의도 수요가격을 28에서 30으로 올리고, 공급량을 예전과 그대로 8이라고 하며, 수요자의 수요가격은 초기에 형성되었던 28이고, 의도 수요량은 초기에 구매하지 못한 양과 합쳐서 8에서 12로 상승했다고 했을 때, 결국 실제 가격 40, 실제 수량 8에 거래가 성립되었다고 가정하자. 그리고 수요경쟁으로 인한 재화가격 급등으로 인해 최대 수요가격(자국 소비자에게 얻을 수 있는 최대 가격을 뜻한다.)은 30에서 50으로 상승하고, 최소 공급가격은 10에서 20으로 상승했다고 가정하자.

<table>
<tr><td>〈수요자 측면〉</td><td>〈공급자 측면〉</td></tr>
<tr><td>·의도 수요: 28×12=336</td><td>·의도매출: 30×8=240</td></tr>
<tr><td>·실제 수요: 40×8=320</td><td>·실제 매출: 40×8-320</td></tr>
<tr><td>·수요 실패: 336-320=16</td><td>·매출 확장: 320-240=80</td></tr>
<tr><td>·수요자 잉여: -12×8=-96</td><td>·공급자 잉여: 320-80=240</td></tr>
<tr><td>·초기 수요: 28×8=224</td><td>·초기 매출: 28×8=224</td></tr>
<tr><td>·중기 수요: 40×8=320</td><td>·중기 매출: 40×8=320</td></tr>
<tr><td>·수요 증가: 320-224=96</td><td>·매출 증가: 320-224=96</td></tr>
</table>

중기에 이르면, 초기보다 수요자의 잉여 손실은 더욱 커지고, 공급자의 잉여 이익은 크게 늘어나게 되며, 수요자의 소비국의 경기는 더욱더 침체된다.

③ 후기

중기에서부터 공급감소 자극이 계속 이어지면, 공급자의 경우 의도 공급가격을 40에서 45로 상승시키고, 공급량은 이전과 같이 8로 변함이 없다고 하고, 수요자의 경우 수요가격을 중기의 실제 가격과 같이 40으로 하고, 수요량을 초기와 중기에 구매하지 못한 수량까지 모두 의도하여, 8에서 14로 상승시키게 되어, 결국 실제 가격 60, 실제 수량 8에 거래가 성립되었다고 가정하자.

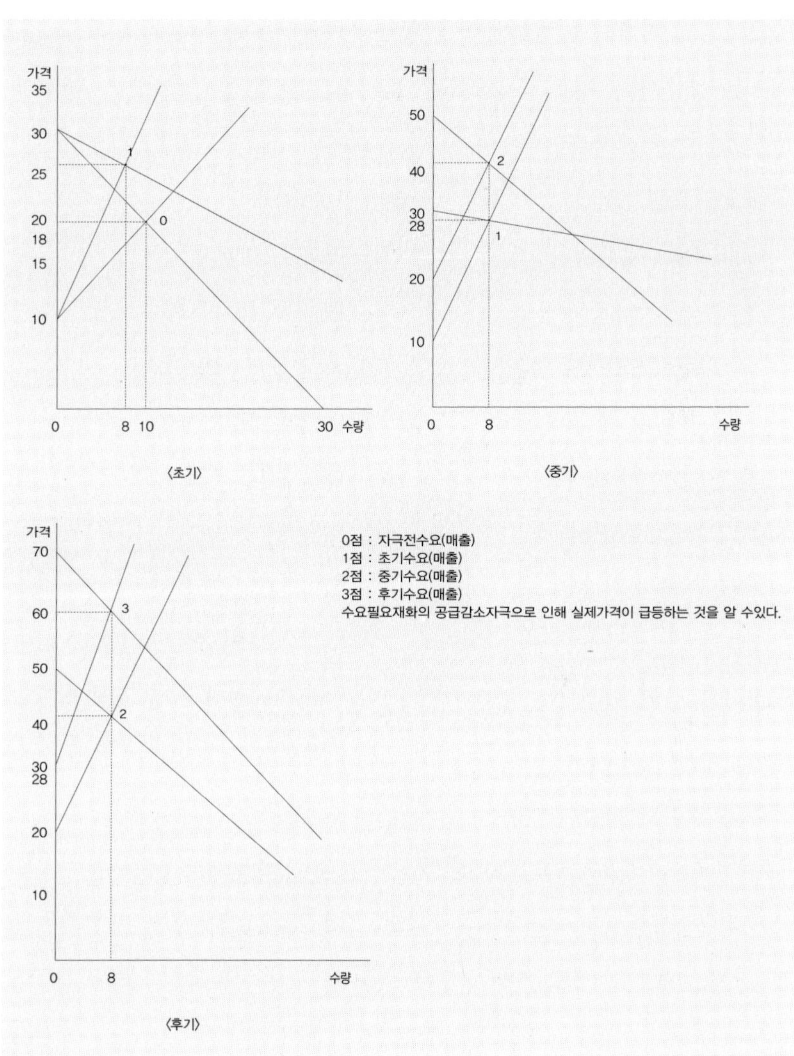

0점 : 자극전수요(매출)
1점 : 초기수요(매출)
2점 : 중기수요(매출)
3점 : 후기수요(매출)
수요필요재화의 공급감소자극으로 인해 실제가격이 급등하는 것을 알 수있다.

그리고 중기에서의 재화가격 급등으로 인해 최대 수요가격은 50에서 70으로 상승하고, 최소 공급가격은 20에서 30으로 상승했다고 가정하자.

<수요자 측면>

- 의도 수요: 40×14=560
- 실제 수요: 60×8=480
- 수요 실패: 560-480=80
- 수요자 잉여: -20×8=-160
- 중기 수요: 40×8=320
- 후기 수요: 60×8=480
- 수요 증가: 480-320=160

<공급자 측면>

- 의도 매출: 45×8=360
- 실제 매출: 60×8=480
- 매출 확장: 380-360=120
- 공급자 잉여: 480-80=400
- 중기 매출: 40×8=320
- 후기 매출: 60×8=480
- 매출 증가: 480-320=160

후기가 되면, 수요자는 중기보다 더 큰 잉여 손실과 수요 실패를 입게 되고, 공급자는 더 큰 잉여 이익과 매출 신장을 얻게 된다. 그러면, 왜 이런 현상이 일어날까?

무슨 이유 때문에 공급자가 막대한 이윤을 얻을 수 있는가? 그것은 바로 수요 필요재화이기 때문이다. 즉, 수요자가 비록 높은 가격에 재화를 구입하더라도, 자국 소비자들에 대한 공급가격을 높임으로써 충분히 보상을 받을 수 있기 때문이다. 따라서 가격이 계속 오르는데도 불구하고, 의도 수요량이 줄지 않은 것도 바로 이 때문이다. 결국 이와 같이 수요 필요재화의 공급가격이 급등하게 되면, 피해를 보는 것은 소비국의 경제 주체들이다.

생산의 경제 순환

1. 수요 충분재화에 대한 수요가격을 고려한 공급가격 책정

수요 충분재화를 생산하는 기업이 철저한 시장조사를 통해 수요가격을 고려한 공급가격을 책정했다면, 경제는 어떻게 변하겠는가? 여기서 수요가격을 고려하여 공급가격을 책정했다는 의미는 기업이 주어진 상황에서 이윤극대화 행위를 할 수 있는 수요량과 수요가격을 비교적 정확하게 파악했다는 말이다. 오늘날과 같이 가계재정이 무너진 상황에서는 수요 충분재화에 대한 수요가격이 예상외로 매우 낮을 수도 있을 것이다. 하지만 수요 충분재화는 단기간에 판매하지 않으면, 기업에게 더욱 불리하게 작용하므로, 낮은 공급가격을 책정해서라도 처분해야 한다.

즉, 오늘날과 같이 신자유주의 경제노선으로 인해 중산층이 무너졌을 때는 수요 충분재화를 통해서 큰 수익을 올리겠다고 공급가격을 높게 책정해서는 안 된다. 앞에서도 말했지만, 지금 대부분의 가계는 수요 필요재화를 소비하기도 빠듯하기 때문이다.

각설하고, 수요 충분재화에 대한 수요가격을 고려한 공급가격 책정이 성공한 사례에 대해 알아보자. 여러분은 스마트폰 시장이 한국에서 어떻게 급성장할 수 있었다고 생각하는가? 한국 사람들이 호기심이 많아서 항상 새로운 것을 추구하니까 급성장 할 수 있었을까? 아니다. 바로 수요자의 의도를 잘 파악하여, 판매 전략을 실행했기 때문이다. 만약 높은 가격을 고수하고, 2년 약정제와 같은 요금 제도를 선택하지 않았다면, 오히려 판매 부진으로 인해 실패한 재화로 낙인이 찍혔을 것이다.
왜냐하면, 스마트폰이 기존의 휴대폰보다 뛰어난 성능을 가지고 있다 하더라도, 의도 수요가격보다 공급가격이 높게 형성되어 있었다면, 대다수 소비자 입장에서 군이 소비할 필요가 없는 재화이기 때문이다. 즉, 제품을 아무리 잘 만들어도, 가격 책정을 잘못하면 아무 소용이 없다는 것이다. 하지만 과거의 휴대폰 판매에 대한 학습효과인지 몰라도, 기업들은 주 고객층이 소득이 낮은 젊은 층이라는 것을 알고, 다양한 요금 제도를 이용하여, 단기간에 많은 판매량을 올릴 수 있었던 것이다.

만약에 초반에 수요가격대가 높은 사람들을 상대하겠다고, 가격을 높게 책정한 상태로 오랫동안 유지했다면, 지금과 같이 시장규모도 크지 않았을 것이고 기능도 급속하게 발전되지 않았을 것이다. 하지만 기존의 휴대폰 요금보다 조금 더 부담하는 정도로 가격을 책정하여 고객들에게 큰 호응을 얻은 것은 훌륭한 판매 행위라 볼 수 있다.

따라서 수요 충분재화에 대한 수요가격을 고려한 공급가격을 책정하게 되면 판매량이 증가하고, 의도 매출과 의도 이윤을 달성할 수 있으며, 이로 인해 의도한 생산계획을 실행하여 시설을 확장하고 고용을 확대하고 임금을 상승시켜, 수요 충분재화에 대한 소비가 증가함으로써, 결국 기업의 생산성은 크게 향상되고, 고임금·저실업 시대를 맞게 된다.

2. 수요 필요재화의 가격조절

수요 필요재화의 공급가격 상승으로 스태그플레이션이 발생했을 경우, 침체된 경제 순환처럼 가격조절을 하지 않고, 단순히 가격 책정을 경매시장에 맡겨 버리면, 앞에서 분석한 것과 같이 침체의 늪에서 빠져나올 수 없다.

오늘날과 같은 글로벌 무한경쟁시대에서 수요 충분재화의 경우, 판매경쟁이 치열하면, 가격도 내려가고, 기술개발도 빨라져, 소비자의 효용이 증대되고, 소비가 증가하여, 생산성이 증대되는 효과를 볼 수 있지만, 수요 필요재화의 경우, 가격이 구매경쟁으로 인한 투기에 의해 급등하게 되면, 그 자체로도 경제 주체에 부담이 되지만, 수요 충분재화의 가격까지 끌어올리기 때문이다.

따라서 수요 필요재화의 가격 급등을 막기 위해서 생산국과 소비국이 WIN-WIN이 되는 협상을 해야 한다. 왜냐하면, 수요 필요재화의 가격 급등은 결국, 소비국의 경기침체로 이어지고, 소비국의 경기침체는 수요 필요재화에 대한 수요 감소로 이어지기 때문이다. 즉, 수요자와 생산자는 서로 원만한 합의를 통해 공급가격만큼은 조절해야한다. 그렇지 못할 경우, 사회에 미칠 부정적인 파장의 대가는 훨씬 클 것이다. 지금은 위기를 공감하고 국가 간 합의를 반드시 이루어야 하는 시점이다.

3. 가계 소득을 줄여 소비주기를 단축시킬 것

앞에서 기업의 임금삭감행위에 대해 비판했지만, 부득이하게 임금을 삭감해야한다면, 정부가 지원을 해야 한다. 특히 저임금에 시달리는 저소득층에 대해 임금지원과 조세감면을 강력히 시행하고, 비정규직 일자리를 완전히 소멸시켜야 한다. 비정규직이라는 것은 노동자에게 심각한 고용불안을 주기 때문에, 소비를 증가시키는 데 매우 치명적이다. 따라서 소비에 걸림돌이 되는 장애물은 모두 치워야한다. 지금의 세계경제가 장기침체에 빠진 이유도 바로 신자유주의로 인해 단기수익과 투기에 빠져, 노동과 소비를 무시했기 때문이다.

4. 투자시장을 개혁해야 한다

지금의 경제위기를 극복하기 위해서는 견실한 중소기업을 많이 만들어야 한다. 이를 위해서는 가장 중요한 것이 투자시장을 개혁하는 것이다. 앞에서 투자제한을 주장한 이유가 바로, 경제 주체의 투기 심리에 의해 주가가 결정되는 것이 아니라, 기업의 생산가치에 따라 주가가 결정되어, 결국 투자가 되어야할 기업에 자본이 투입되도록 하기 위함이다. 즉, 주기적으로 발표되는 기업의 생산가치가 주가로 반영되기 때문에, 아무리 중소기업이라 할지라도, 생산가치가 높으면, 주가는 올라가게 되고, 주식 수요도 증가하게 된다. 이로 인해 중소기업에 자금이 충분히 투입되면, 생산이 증가하여 고용된 노동자들의 임금도 상승하게 되고, 또한 생산시설을 늘림으로써, 소비를 더욱 증가시키고 고용도 확대할 수 있다.

결국 가계의 소득이 늘어나서 수요 충분재화에 대한 소비가 증가하면, 대기업에게도 큰 이익이 된다. 즉, 투자시장을 개혁함으로써 중소기업뿐만 아니라 대기업도 큰 이익을 보게 된다.

가계를 살리지 않으면,
경제침체에서 벗어날 수 없다

지금의 장기 경제침체는 금리를 낮추거나 통화량을 늘린다고 해결되는 것이 아니다. 무엇보다 가계의 재정이 건전해야만 한다. 왜냐하면, 경기가 활성화 되려면 수요충분재화에 대한 소비가 늘어나야 하는데, 주주자본주의와 노동유연화로 인하여 가계의 재정이 안 좋은 상황에서 기업의 투자를 늘려, 경기를 활성화 시키겠다는 것은 전혀 통할 수가 없기 때문이다. 그 이유는 기업도 마땅히 실물투자할 곳이 없기 때문이다. 즉, 양적완화해도 그 돈을 갚을 여력이 없는 가계와 마땅히 실물투자를 할 곳이 없는 기업으로 인해 기업이나 은행에 투입된 자금들은 실물소비와 투자에 사용되지 않고, 금융시장에서의 투자자들의 투기심리를 자극하는 역할만을 하게된다. 즉, 아무런 실질적인 효과가 발생되지 않고 오히려 거품만 키우게 되는 것이다.

대공황이 발생한 근본적 원인이 무엇인가? 바로 투기와 가계착취 때문이다. 지금 이 상태로 계속 경제가 침체된다면 다시 한 번 대공황이 찾아오지 말라는 법도 없을 것이다. 가계가 소비를 하지 않는데 무슨 정책이 통하겠는가? 경제주체들이 투기에 빠져있는데 무슨 정책이 소용있겠는가?

결국 투기만 부추기고 물가만 상승시켜 침체된 실물경기에 더욱 안 좋은 영향이 미칠것이다. 따라서 정부의 통화정책도 가계의 살림이 안정되었을때나 효과가 있는것이다. 지금은 기업이 수요충분재화를 생산하여, 이익을 얻을 수 있는 경제 상황이 아니다. 왜냐하면 가계를 너무 착취했기 때문에, 이미 수요충분재화에 대한 가계의 의도수요가격은 기업이 받아들일 수 없을 정도로 내려갔기 때문이다. 예를들어 그나마 수요가 있는 스마트폰도 2년, 3년이란 약정을 걸어야 겨우 팔리는 시대가 지금의 경제상황이다. 또한 서민 가계소득의 대부분이 수요필요재화의 소비가 목적이다. 그리고 이런 현상은 앞으로 더욱 심해질 것이다. 왜냐하면 수요필요재화의 가격은 계속 올라가고, 가계의 실질소득은 줄어들 것이며, 이로 인해 수요충분재화의 종류와 수량이 더욱 늘어날 것이기 때문이다.

자산가치를 높이면
소비가 활성화 될 것이란 생각에서 벗어나라

　　한국은 다른 서방국가보다 경제적 규제가 심하다. 즉, 투기나 담합에 대해서 규제가 심하며, 나는 이를 매우 긍정적으로 평가해야 한다고 본다. 그러나 잘못한 것이 있는데, 바로 부동산이다. 정부는 부동산 투기를 전혀 막지 못했다. 우리는 이 점을 너무나 잘 알고 있다. 지금 호가에 의해 소수의 거래가격이 다수의 가격을 결정하는 주식가격결정시스템과 부동산의 가격결정시스템이 매우 흡사하다는 것은 잘 알고있을 것이다. 즉, 부동산의 경우에도 소수의 거래가격이 그 주변일대의 가격에 영향을 준다는 사실을 말이다. 그리고 중요한 것은, 우리나라는 영토가 좁기 때문에 부동산은 수요필요재화의 성격이 강하며, 특히 투기에 신경을 썼어야 했다. 그러나 투기로인해 지금의 부동산 가격은 크게 부풀려져 있다. 그리고 거품이 낀 부동산 가격은 우리나라의 경제를 크게 위험에 빠뜨리는 결과를 가져왔다. 그 이유는 간단하다.

　예를들어 A와 B라는 회사원이 있는데, A는 5000만원의 원룸 전세에 살고, 통장잔고에 3억이 있다. B는 5억 5천만원의 아파트를 은행에 2억의 담보대출을 받아 구입하며 살고 있고, 통장잔고에 100만원이 있다고 가정해보자. A와 B의 소비의 질은 어떻겠는가? 상식적으로 생각해도 A가 훨씬 좋을 것이다. 그리고 만약 부동산 투기에 의해 C가 살던 집값이 2억에서 5억으로 급등했다고 하자. 그러면 C가 그 집을 팔거나, 굳이 빚을 내어 담보대출을 받아서 소비를 늘릴까? 정말 땅값이 올라 크게 이익을 보지 않는 이상(집이 2채 이상이라든가, 대지를 소유하고 있다든가) 소비 패턴에 거의 영향을 주지 않는다고 보아야한다. 그리고 부동산시세가 올라 크게 이익을 보는 사람도 대부분 원래 소득이 많은 계층이므로 소비변화가 적다.

　따라서 투기로 인해 부풀려진 부동산가격으로 무분별하게 주택담보대출을 허용하고, 그로 인해 특히 수요충분재화의 소비가 감소하면서, 오히려 수많은 기업까지 큰 피해를 보게되었다. 따라서 자산가치와 상관없이 소비를 증가시키고, 질을 향상시키려면, 가계가 보유하고 있는 돈이 많아야한다. 지금도 여러 사람들이 우리나라의 가계부채 대부분이 주택담보대출이고, 크게 걱정할 만한 수준은 아니라고 판단하고 있다. 그러나 이 가계부채 자체가 지금 실물소비를 감소시키고 있으며, 결국 소비와 투자감소로 인해 주식과 함께 부동산 가격도 내려갈 것인데, 크게 걱정할 수준이 아니라니, 나는 이해하기 힘들다. 나는 지금이라도 대비를 철저히 해야 된다고 본다.

　제6장에서 투자시장개혁과 같은 맥락으로, 부동산가격 결정시스템 자체를 바꿔야한다. 즉, 부동산의 철저한 생산가치의 분석을 통해 공시지

가를 결정하고, 그 공시지가로 거래되게 해야한다. 그리고 그 공시지가
를 정부가 보증을 해야한다. 따라서 부동산 불패신화 따위는 없애야하
며, 가계의 소비와 질을 높이는데 힘을 쏟아야 한다.

지금은 자본주의를 위한
새로운 변화가 필요할 때이다

나는 자본주의 시장체제에서 가장 중요한 경제행위는 돈을 어떻게 쓰는가라고 생각한다. 앞에서도 말했지만, 자본이 실물생산과 관련없는 투기에 쓰일 때는, 시중에 거품통화를 늘리고, 자산가치를 부풀리며, 물가를 상승시켜 가계의 재정을 힘들게 하고, 소비를 감소시켜 기업의 생산성을 낮게하며 실물경기를 침체시키는 역할을 하게된다. 그리고 지금의 주식·부동산 가격결정시스템은 경제주체를 도박과 투기의 유혹에 가장 쉽게 빠지게하는 구조를 가지고 있다.

아무리 인간이 경제가치를 결정한다 하더라도, 수요와 공급에 의해 가격이 결정되는 일반재화와는 달리, 투기심리에 의해 소수가 다수의 가격까지 결정하는 부동산과 주식 같은 자산은 반드시 그 가치를 가장 합리적인 기준에 의해 평가를 받게 해야한다. 그렇지 않으면 투기로 운영되지 않을 수 없으며, 인간은 투기와 도박에 빠지게 되면 생산을 망각하게 되는 법이기 때문이다. 즉, 모든 경제위기는 바로 투기에 의한 생산의 망각 때문인 것이다.

그러면 자산의 가치결정의 가장 합리적인 기준은 무엇인가? 그것은 바로 실물생산성이다. 어떤 자산도 그 자산의 실물생산가치를 넘어서는 안된다. 그 생산가치를 넘어가는 순간, 경제는 투기로 인해 생산을 망각하게 되는 것이다.

그리고 은행의 대출형태도 바뀌어야 한다. 지금의 은행들은 대출의 용도에 대한 생산성을 고려하지 않고, 담보가치만 보고 대출을 해주고 있다. 그 담보가치란 것이 투기에 의해 부풀려졌을 때는 거품가격으로 대출이 되며, 그 거품통화는 또다시 부동산이나 금융시장에 투기로 쓰이게 된다. 왜냐하면 담보대출을 통해 불어난 엄청난 거품통화는 실물소비와 실물투자와 같은 실물부분이 가계재정이 몰락한 상태에서는 거의 받아내지 못하기 때문이다. 또한 앞에서도 말했듯이 투기로 부풀려진 자산으로 대출받은 사람은 생산을 망각하고, 자산투기에 다시 손을 뻗기 때문이다.

오히려 또 다른 자산을 투기할 목적으로 대출받을 가능성이 매우 큰 것이다. 결국, 투기로 인해 가격거품이 생기고, 이 거품으로 다시 대출받고, 대출받은 돈으로 다시 다른 자산에 투기를 하고, 이런 행위로 인해 시중에 통화량은 넘쳐나고, 물가는 상승하며, 가계는 소비를 줄이고, 기업의 재정 또한 크게 악화가 되는 것이다. 이로 인해, 임금삭감과 대량해고사태와 낮은 고용이 이루어져, 사회는 빈부격차가 심해지고 저임금·고실업 사회로 변하게 된다.

이제는 새로운 경제가치를 창출시켜야한다. 언제까지 환경을 오염시키면서 경제행위를 할 수는 없는 것 아닌가. 인류는 아직 태양을 효율적으로 이용하지 못하고 있으며, 그 이유는 착취와 투기가 경제성장의 걸림돌로 작용하고 있기 때문이다. 그리고 경제주체는 자신에게 있는 돈을 계속 불리고 싶어한다. 따라서 경제주체의 그 의지를 투기가 아닌 가장 생산적인 방향으로 이끌어야 한다.

남이 잘 사는 사회를 만들어야한다

나는 도덕이 곧 효율이라고 생각한다. 왜냐하면, 내가 앞에서 주장한 수요충분재화에 대한 수요고려와 수요필요재화에 대한 공급가격을 조절하고, 노동자의 임금을 인상시키고 비정규직을 없애며, 투자시장을 개혁하라는 것들은 모두 자신의 이익을 목적으로 남을 대하는 것이 아닌, 남을 목적으로 대하는 경제행위인 것이다. 사람은 누구나 욕구와 쾌락을 추구하며, 그것은 본능이다. 하지만 이 본능을 목적으로 행동한다면, 그것은 도덕적인 행동이라 볼 수 없다.

인간이 위대할 수 있는 것은, 도덕적으로 살 수 있기 때문이다. 따라서 우리는 반드시 추구하는 것과, 목적하는 것을 구별해야 한다. 즉 행동과 결과와 동기를 구별해야 하는 것이다.

기업은 이윤을 추구하는 경제주체이지 이윤을 목적으로 하는 경제주체가 아니다. 만약 기업이 자신의 이윤을 목적으로 하게 되면, 반드시 다른 경제주체를 수단적 도구로 대하여야 하며, 도구로 대우받는 경제주체도 그 기업을 자신의 이익을 위한 수단적 도구로 취급할 것이다. 이런 사회에서 신뢰란 존재할 수 없다. 이로 인해 세상은 온갖 불신과 권모술수가 판치는, 그 누구도 인간으로서 존중받지 못하고 도구로 전락하고 마는 도구사회가 될 것이다.

오늘날의 경제위기는 모든 경제주체들이 돈의 노예가되어, 자신의 이익을 위해 사람을 도구로 대하고, 자신도 도구로 취급받는 투기, 담합, 착취의 경제행위를 했기 때문이다. 그리고 결국 가계가 무너지기 시작하면서, 기업도 매우 어려운 지경에 처한 상황이다.

따라서 이 세상은 절대 나 혼자서는 잘 살수 없다. 남이 잘 살아야 나도 잘 살수 있다. 남이 잘 사는 세상을 만들어야 한다.

상식에 의한 경제론

초판 1쇄 인쇄　2012년 5월 18일

지은이　하정동
발행인　김재홍
교정교열　박기원
책임편집　황다원, 이은주
마케팅　이언실

발행처　도서출판 지식공감
등록번호　제396-2012-000018호
주소　경기도 고양시 일산동구 견달산로225번길 112
전화　031-901-9300
팩스　031-902-0089
홈페이지　www.bookdaum.com
전자우편　book@bookdaum.com

가격　13,000원
ISBN　978-89-968332-7-7　13320